男女の阿德勒心理學

岩井俊憲 著
余亮誾 譯

〔前言〕

近幾年來，對戀愛不感興趣的年輕世代有日益增加的趨勢，據統計，單身沒有交往對象的男性將近有七成，女性則有近六成。或許其中真的有人對感情毫無興趣，但多數人背後的想法是出於「不想被傷害」、「想避免麻煩」，也就是認為「一個人比較輕鬆」。

因為一旦交往或結婚，情侶或夫妻之間會為了芝麻綠豆的小事而發生爭執和誤解，各式各樣的問題總是一而再、再而三地接踵而來。

雖然我個人擅長婚姻的輔導諮詢，但眼看無性婚姻逐年增加，不禁覺得是一種警訊。這種現象不只是加速少子化的人口問題，還有我認為「性愛」是一種「用身體溝通」的方式，伴侶之間若少了「性愛」，夫妻關係將潛藏著危機。

對戀愛不感興趣的年輕人、認知分歧的伴侶和漸行漸遠的夫妻等等，這些男女之間的共同問題，就是溝通過於消極。

心理學家阿爾弗雷德・阿德勒（Alfred Adler，１８７０～１９３７）主張**「人類的煩惱，全都是人際關係的煩惱」**。在人生必須面對的三大任務中，以親密關係為核心所衍生出來的家庭關係課題，又稱為「愛的任務」。

當男女相遇在一起，很自然的會面臨一些親密關係的課題，去面對和處理戀愛時或結婚後遭遇的各種問題，能夠成為改變自己的契機；若是抱持著「不想受傷」的想法而害怕衝突、逃避溝通，便是喪失了改變的機會。

歷史上不存在永遠被喜愛的人；
也同樣不存在永遠被厭惡的人。

這是以阿德勒心理學為基礎，我所提倡的「人際關係大法則」。喜歡上某個人時，如果被對方拒絕，自然會受傷，那是出自於「希望為人所喜愛」的念頭。

若能捨棄這種幻想，就會知道不可能有「都沒有人愛」的事實。

雖然腦部結構的差異會造成男女的認知不同，但是我並不會以此做為定論，我想根據阿德勒心理學，試著去解開無法只用男性腦／女性腦的差別而簡單帶過的事情。

本書從序章「愛與被愛的勇氣」到第四章「親密關係的裂痕與修復」，其中共穿插十個案例，最終章再以「經營親密關係的五大關鍵」進行彙整，這是我嘔心瀝血的精心安排。

你將會看到各式各樣的戀人和夫妻的案例，提供給你思考空間，試想：「如果換作是自己的話，會怎麼做呢？」已經有伴侶的人，也建議你們盡可能的一起討論，或許會因為討論而更瞭解彼此的戀愛觀、婚姻觀、性愛觀，也能以更寬容的心胸看待對方的想法和感受。

正因為男人和女人是不一樣的生物、不一樣的人，才充滿著樂趣。

關於戀愛、婚姻、性愛的煩惱，並不只是個人的事情而已，這些全都是與「溝通」相關的課題。希冀隨著書籍的出版，能夠為所有正在面對「愛的任務」的讀者帶來一些勇氣，這將是我的榮幸。

岩井俊憲

〔目錄〕

2 戀愛、結婚、婚姻生活……因為受傷，男女才會互相成長

3 無性婚姻、假面夫妻、不倫外遇、離婚……如何消弭夫妻間的鴻溝？

序章

愛與被愛的勇氣

結婚是為了彼此幸福、

孩子們的幸福、

社會幸福而存在的伴侶關係。

阿爾弗雷德．阿德勒《自卑與超越》

案例1

離婚女人的心情手札

◎幸福的夫妻都是用單純的方式相處

我以阿德勒心理學為基礎，從事諮商工作30多年，其中尤其擅長夫妻關係的輔導。

我看過無數對夫妻，心中不禁深深覺得：「因為相愛而結婚，慢慢建構出屬於自己的家庭，因為這樣的原因離婚真的好嗎？」

俄羅斯作家托爾斯泰的小說一開頭，有這麼一段敘述：

幸福的家庭都是相似的，
不幸的家庭各有各的不幸。

＊出處：列夫・托爾斯泰《安娜・卡列尼娜》

我試著把托爾斯泰所寫的「家族」換成「夫妻」，簡單改寫如下：

幸福的夫妻，都是用單純的方式相處；
夫妻若是故意選擇讓自己不幸，
反而將事物複雜化，招致不幸的後果。

感覺起來如何？在各式各樣的伴侶的形式之中，也有「故意」選擇不幸的人。本章我會介紹某位女性的手札，並不是特定人物，而是根據我在諮商、輔導、研習等活動中實際面對的數個案例，從中整理出任何人都可能遇到的情節。

主角就是故意讓自己不幸的女性，在那樣的背景下，到底她在堅持些什麼？實際生活她又想怎麼做呢？

雖然只是虛構的人物，卻包含了數個真實案例的故事總和，所以也算半寫實。希望能夠提供給讀者作為生活中的例子，嘗試以自己的方式去閱讀和思考。那麼，現在就來看看這個手札吧！

回到原點的我

我與醫師丈夫分手，把8歲獨生子的親子監護權讓給丈夫，獨自在三房一廳的公寓裡。行李都還沒整理，我便開始寫起手札，回首與丈夫結褵的這10多年，彷彿像作夢般虛幻不真實。

如果問我「後悔嗎？」，在回答「後悔」的同時，其實也發現「這就是原本的我」。我的心，就像身旁的行李一樣，雖然是「待整理」，卻與自己最親近。

在這樣的時刻，我得先決定究竟要重回護理師崗位，還是趁著目前生活還過得去，一邊整理自己的心和居住環境，一邊思索下一步該如何走。

或許寫手札有助於思緒的整理，不過，要從哪裡開始、該寫些什麼，都沒個計畫，只是試著細細回首自己的過往。

母親總是教我「男人很髒」、「男人是狼」

我出生在日本關東地區的某縣，父親經營建築業，母親則是在醫院擔任檢驗師，從小我就常常覺得父親不太疼愛身為長女的我。

在我4歲的時候，弟弟出生了，不同於對待我的態度，父親對弟弟寵愛有加，媽媽則是站在我這一邊，所以儼然形成了「男」「女」對抗的家庭結構。

可能是父親認為「後繼有人了」，大概是從那時候開始吧，父親有了外遇，母親則是替父親生了子嗣之後，也在外另尋新歡。

小時候，完全知情父親外遇的母親，每天不停地跟我抱怨「男人很髒」、「男人是狼」，就像洗腦一般，我每天都得聽上好幾回。

我還記得那是小學二年級的事情，當時我在學校玩，愛搗蛋的英司同學突然向我衝了過來，害我不小心跌倒，手肘受了傷。

我跟母親說這件事的時候，母親卻對我說：「所以才跟妳說要小心男人，他們都是髒東西！」我年紀太小無法理解，轉向跟父親說我受傷的事，父親的回應卻大相逕庭：「那都是因為妳不小心！」隔天，我跟母親轉述父親說的話，母親回我說：「那是因為妳爸是男的，妳千萬不能相信那種人說的話啊！」

父母離異，與弟弟分開

父母在我小學五年級時離婚。父親帶走弟弟，我則跟母親離開熟悉的家，搬到只隔三間房子之遠的公寓。雖然父母離婚時我沒有轉校，家人住得也近，我們卻幾乎沒有往來。唯一的弟弟在學校看到我，也採取逃避的態度，真是令人感到鼻酸。

後來當我進入公立國中就讀時，姓氏改為母姓，弟弟則就讀私立學校，所以我只會在路上稍微瞥見弟弟。

對男性的強烈警戒心

國中二年級時，我才知道父母離婚的真正原因。母親介紹某位男性給我，她與父親尚未離婚時，似乎就與這個人有著不尋常的關係。當父親得知後追問母親，於是最後演變成離婚。

我對母親愛著的男人保持警戒心，認為是他破壞我們家庭，因此始終都無法接受。母親似乎想與那個人再婚，我也不同意，因為心裡總認為，父親或許很髒，但那個人破壞家庭不也是更髒嗎？

到了國中，雖然有過像初戀的關係，但那也不算是真正交往。

真正的戀愛是從高中開始的，我與社團的學長交往，不過我的內心始終沒有全然的敞開。後來他居然移情別戀了，跟我朋友走在一起，我深受打擊，開始自我貶低，認為「反正我就是個沒用的人」，也體驗到母親對我洗腦的男性特質：「男人很狡猾」、「男人不可信」。

我高中畢業後進入國立（現為日本獨立行政法人）附屬護理學校，選擇該校就讀的原因是學費便宜，我覺得護理學校很適合我，畢業後也容易找到工作。

還記得同校的同學裡，有與反社會的男性交往而懷孕，導致後來退學的人，也有不斷玩弄男性的人。

後來，我遇到很棒的對象，他居然對完全沒有魅力可言的我有興趣，也認同我的生活方式。我跟他在一起，比跟朋友相處更快樂，甚至發現我居然能對自己的事情侃侃而談。

好景不常，某次我們喝了點酒，隨意繞進了小路，卻看到滿街掛滿詭異的霓虹燈招牌，我心裡想著：「他該不會是想做什麼吧？」的下一秒，母親常說的「男人很髒」、「男人是狼」的話，以及「男人很狡猾」、「男人不可信」的念頭不斷在我腦中交錯盤旋，於是我像落荒而逃般的離開了那裡。

雖然男友後來堅持「沒有那種想法」，但我湧上的念頭卻揮之不去，與他的這段戀情就這麼畫下了句點。

護理學校畢業後，我被分配到大醫院的內科。醫院內科的工作很忙碌也很有趣，所以沒有什麼時間談戀愛，雖然曾經聽他人的建議在單身聯誼機構填寫個人資料，我卻始終沒有往前跨出一步，自然無法配對交友資料，所以最後也退出了。

卸下心房，在愛裡相遇

快三十歲時，之後成為我丈夫的酒井醫師來到我工作的醫院。他的經歷特殊，從有名的私立大學法學部畢業後，再轉讀國立大學醫學部，二十八歲通過國家考試。他的聰明程度就算參加機智問答節目也能戰無不勝，不過由於他在醫院工作的經歷不足，所以我教會他很多醫療現場的事情。我們就是從那樣的關係開始培養感情的。

也許是因為酒井醫師是我從未遇過的類型，讓我卸下心防，我們馬上發展成戀愛關係，開始同居生活，然後不知不覺產生結婚的念頭。

被家人捧在手掌心的他，以結婚為前提把我介紹給他的父母。

他的母親是很體貼的人，讓我留下很好的印象；不過他的父親一看到我，馬上脫口而出說：「什麼啊？是個小護士！」使我不禁驚覺到我與他的工作、家世背景的懸殊差距，他父親說的那句話也深深烙印在我心底。

不過經過酒井的真誠和努力說服家人，總算克服了重重困難，讓我們得以結婚。

結婚後的第二年，在我三十三歲的時候生了男孩。當時三十四歲的酒井正值事業的打拚期，有了離開醫院自己開業的念頭。那是我們最幸福的時光，酒井雖然工作很忙，但也會盡可能的幫忙照顧孩子，那時候我真的覺得他很貼心。

不過生完孩子後，卻出現了新的問題，那就是先生對性愛不再渴望。當我表示些什麼的時候，卻得到「媽媽照顧孩子已經很辛苦了，反正我們也已經生了男孩，應該可以了」的回應。我無法理解他為何有這樣的想法，只好把愛轉移到孩子身上。

措手不及的「外遇」

先生的專業是內科和身心科，在我三十七歲（先生三十八歲，小孩四歲）的時候，他離開醫院體系出來自行創業。創業的資金包括了先生和他老家的資金之外，還加上我的存款、政府的補助金，以及某對企業家夫妻的贊助資金。

畢竟我以前的職業是護理師，所以向先生提出想幫忙的要求，卻被說服以照顧孩子為優先，診所的事只要一週兩天，花幾個小時幫忙簡單的事務處理就好。

因為先生的人品和工作態度，還有提供到府看診的服務，診所生意變得很好，所以他在家的時間不僅減少，與孩子相處時間也變少了，開始會跟出資的企業家進出私人俱樂部。他對我的態度就像對待室友一樣，甚至只是把我當成照顧孩子的負責人，於是我內心逐漸累積不滿。

或許是從那個時候開始吧！母親所說的「男人很髒」、「男人是狼」，以及不知何時深植內心的「男人很狡猾」、「男人不可信」的念頭又被喚醒了。

先生開始會噴我不知道的香水，服裝也變得花俏和陌生。他以前是那麼熱衷學習，會在家潛心研究，但後來卻開始把「要在診所研究」、「出診很忙」掛在嘴邊，待在家的時間反而愈來愈少。

那時候發生了兩件事情：

首先是先生的錢包掉出某私人俱樂部女公關的名片。

另一件事則是某位病患偷偷跟我說先生與企業家的太太關係不尋常。因為企業家夫妻是先生的贊助者，我之前多多少少會睜一隻眼閉一隻眼，但實在無法容忍先生跟那位太太單獨碰面。我跟先生提到我的感受時，他居然回應我：「是為生病的太太做心理諮商。」可是對我來說，為什麼要選在她先生不在的時候心理諮詢呢？而且也不避嫌的單獨見面、一同外出？

我心中的忌妒在發酵，還生氣的把應該是那位企業家太太送給我先生的禮物丟掉。

後來我忍不住委託了徵信社跟蹤先生，依照徵信社的回報，雖然拍到了先生跟企業家太太一起行動的照片，但不算證據確鑿。

但我還是放不下，不斷追問告密者，他只跟我說：「妳先生手段真高明，妳怎麼會跟他在一起啊？」說的口吻彷彿是街坊鄰居談論八卦一樣。

無法再跟他走下去

結果後來出現重大失誤，徵信社的跟蹤被先生識破了。先生擅長詢問，徵信社的人耐不住他追根究柢，居然說出我就是委託者。

先生知道後非常憤怒，發怒程度前所未見，就像一隻狗突然變成了一匹狼，或許從這件事可以看出他顯露了男人的本性吧！

我們會演變成離婚全都來自一句：「我無法再跟你走下去。」其實一開始我並沒有想過要離婚的，不過與其日復一日的想著先生與企業家太太的事情，孩子也已經就讀小學了，自己也想從中解脫，離婚就這麼脫口而出。

擔任離婚協議的律師是先生大學時期的朋友，所以我們很乾脆地完成了離婚手續。

協議離婚的過程只有一個失策，那就是讓先生擁有兒子的監護權，起因是先生認為「不想讓這種母親（我）照顧，想讓兒子成為自己診所的繼承者」。

離婚財產分配的金額，我得到之前投資先生創業金額的三倍，也就是大約三千萬日幣。對我來說，這筆錢還算是合理的數字，足夠讓我至少五年沒有收入也能無後顧之憂。

事情告一段落之後，再重新回想這一切，與先生相處的十年多，如同夢境般的不真實。我原本就是適合窩在小公寓，而不是背負著院長夫人的頭銜，我現在覺得國小五年級與母親兩人搬到公寓生活的那段日子，才是真正能讓自己的內心有所歸屬。

＊＊＊

覺得如何呢？讀了手札之後有什麼樣的感想？畫線的句子是我比較在意的地方。尚美小姐從小就不被父親疼愛和理解，也長年飽受母親的「個人情緒」影響，每天對她猶如同咒語般的洗腦。後來父母離異，在那種原生家庭背景下成長，即使到了青春期談戀愛，也無法往前踏出一步，不斷的貶低自己，認為自己是「沒有用的人」。即使後來步入令人稱羨的婚姻也……如同各位在手札中看見的「我原本就是適合窩在小公寓」作為結語。

這篇手札的概要是：**與父母的關係**、**母親的洗腦**、**男女認知差異**、**性愛觀的分歧**、**兩性的感受不同**等等，這些都會伴隨經驗顯現出來。各位讀者是否也想到了呢？

「人類的煩惱，全都來自於人際關係。」這是阿爾弗雷德．阿德勒所說的名言。而人際關係中，最麻煩卻也最崇高的，就是男女之愛。

本書會從尚美小姐的手札中令人在意的部分，以及舉出其他家庭的案例，依各章節逐一介紹男女的差異、如何經營親密關係、讓關係更臻圓滿的祕訣等等，徹底解析「男女心理」。

1章

男女認知大不同

在親密關係裡，

唯有完全接納對方、

彼此都能互相感謝時，

才能完成「愛的任務」。

魯道夫．德瑞克斯《阿德勒心理學的基礎》

腦科學與心理學解讀
「男」「女」構造的差異

◎腦科學中的「男性腦」與「女性腦」

有這麼一對夫妻：

妻子和歌子（化名）正在客廳熨衣服，這時候丈夫良介（化名）回到家。

「孩子的媽，我回來了。」

「你回來啦！晚餐做好囉！你可以先跟小聰一起吃嗎？我今天做了漢堡排，今天剛好遇到限時特價，肉好便宜喔！還有……」和歌子一邊熨衣服一邊說話，嘴巴沒停過。

隔天早上，在廚房做早餐的和歌子往客廳的方向跟兒子說話：

「小聰，今天是爸爸去幼兒園接你喔！爸爸，今天要麻煩你喔！」

此時在客廳讀報的良介卻沒有回話。

和歌子暫停手邊準備早餐的動作，走到客廳。

「孩子的爸！你有在聽嗎？我上週就跟你提過了吧！我今天公司要開會，所以會晚下班，要麻煩你去接小孩。」

良介的視線終於離開報紙。

「啊？有這麼一回事嗎？」

「欸！我明明跟你說過呀，真的很讓人傻眼耶！」

「我也很忙啊！你沒有寫在行事曆上我怎麼會知道啊？」

以上是許多家庭時常上演的一幕，對吧？如果從腦科學的觀點去解讀這對夫妻的對話互動，就會發現非常有趣的地方。

現代的腦科學認為，由於男女的大腦構造稍有不同，所以導致男女的思考方式和行為有所差異。

連接左右腦的「腦梁」（Corpus callosum），女性比男性還要粗約20%，所以左右腦的連結性比男性優異，能夠同時進行各種事務。反觀男性的大腦，由於左右腦的連結並不優異，所以一次只能專注做一件事。這就是腦科學對男女大腦的分析。

有很多像良介這樣的男性，看報紙時就無法聽到其他人講話，但是女性卻能游刃有餘。多數女性可以像和歌子一樣，一邊熨衣服一邊做料理，還能同時與丈夫和孩子對話。

身為男性的我曾經嘗試同時進行多項事務，覺得非常不可思議，對於女性可以熨衣服的還能兼顧說話，都不怕燙壞衣服，讓我感到十分驚訝。

能夠同時進行多項事務的女性總會認為男性也可以辦得到，不過事實上，跟正在看報紙的男性說話卻不會獲得回應，或者只得到敷衍的應答。當男性在看報紙的時候，眼前的報紙就是一切，很難有餘力聽到其他人講話，更別說要一邊看電視，一邊分神聊天了。

◎心理學是以思考、情感、行動為軸心的學問

我們不需要悲觀的認為男女的大腦天生構造不同，就因此感到無可奈何，無法改變。畢竟腦科學只是天生氣質論，雖然提出了「男性腦」和「女性腦」的概念，但是性別差異的想法也只是眾多理論中的其中一種而已。近年來也有許多根本不存在「男性腦」和「女性腦」的研究結果。

腦科學跟心理學表面看起來是很相似的學問，但其實兩者的基本論點不同。腦科學重視男女與生俱來的「氣質」，**心理學則是以「思考」、「情感」、「行動」作為軸心的學問**。其中阿德勒心理學尤其重視「人的關係」，甚至斷言「人類的煩惱全來自於人際關係」。

我也很尊重腦科學，但是本章不會以「男女的差異全歸因於大腦構造的不同，因此也無可奈何」作為定論，而是以阿德勒心理學和我個人的見解，闡述腦科學所無法詮釋的「男女大不同」。

◎給男人留點面子，給女人多點體貼

左頁「承認男女之間的差異」的圖表只是其中一例，從這個表格就能看出男女之間在觀點上有許多不一樣的地方。

舉例來說，多數男性都傾向重視結果。

如果是學生，男性就會重視「贏得比賽」、「考試成績優異」，如果出社會進入職場，則會重視「工作升遷」、「成功執行大型計畫」等結果。至於過程中做了什麼事、付出多少努力，對男性而言反倒不是那麼重要。

反觀女性的想法又是什麼呢？相對於結果，多數女性傾向重視過程，像是著重於「不斷地練習」、「每天都很認真努力」（所以獲得優勝、成績優異、工作升遷、成為人生勝利組等等）。重點不在結果，而是注重「因為那時候沒有放棄，盡自己最大的努力」這樣的過程。

承認男女之間的差異

男性	女性
無法聆聽	無法閱讀地圖
只能單工作業 （無法成為左右開弓一族）	能同時多工作業 （成為左右開弓一族）
重視結果	重視過程
客觀的事實 （具備邏輯思考能力）	主觀的意見 （視覺能力優異）
不受生理層面影響	受生理層面影響

除此之外，男性也大多有證據主義的傾向（以客觀事實和證據為優先），也就是男性通常希望透過眼見為憑、親耳聽聞，以進行確認。

方才提到的案例故事，丈夫良介說：「你沒有寫在行事曆上，我怎麼會知道啊？」的理由，也是出於證據主義，因為對良介而言，光是用嘴巴說，卻沒留下證據，就等同於沒聽到一樣。

雖然現在已經是雙親共同育兒的時代，但男人還是屬於好面子的一族，不喜歡受人命令指使。

像是前面的案例，和歌子「希望丈夫去幼兒園接孩子」時，不應該以**「你是一家之主，有你該做的事情，所以我要委託你一件重要的事」**的命令口吻，而是**「我也知道你很忙，但還是得麻煩你」**的說法。

感覺怎麼樣呢？男性與女性的差別本來就是自然的，首要之務就是認知到彼此的差異，將命令轉變成被需要，從接受這樣的事實開始。

案例2 凡事計畫的男性與隨心所欲的女性

◎愛，是看見對方的需求

今天是拓人與真理（皆為化名）睽違三週不見的約會日。

兩人決定前往鎌倉旅行，為了一大早從茨城縣趕過來的真理，住在東京的拓人事先查詢從東京車站發車的橫須賀線的路線指引與時刻表，做了非常詳盡的行程規畫。

約會的第一站是在北鎌倉，下車後前往圓覺寺，接著到以繡球花聞名的明月院，經過建長寺抵達鶴岡八幡宮，然後在鎌倉站附近吃中餐。接著搭乘江之島電鐵前往長谷寺（以長谷觀音聞名），最後還包括了賞海的行程。

沒想到當天從建長寺前往鶴岡八幡宮的途中，他們看到了以閻魔大王（閻羅王）聞名的圓應寺，真理興奮的說：「想進去看看！」因而在那裡耽誤了一

些時間。

步出圓應寺的時候，已經是正午時分了，真理任性的嚷嚷著：「好累喔！我們去吃午餐吧！」結果前往午餐的地點並不是拓人原本計畫中的餐廳。

眼看下一個目的地——鶴岡八幡宮就在左前方不遠處，但是拓人不悅的心想如此一來會擾亂下午的行程，所以擺著臭臉說：「不去鶴岡八幡宮了！」兩人用餐的氣氛也變得凝重。

對於緊密的安排行程，卻發現無法按照計畫走的拓人，你覺得怎樣呢？另外，真理不尊重拓人花費心思所安排的行程，你又覺得如何呢？

約會行程的安排，是否過於仔細、緊湊？

在這裡邀請你思考看看。

◎從關係的分歧看見：「目標達成」型VS.「渴望感受」型

從拓人和真理的約會過程中各自不同的想法、情感和行動反應，我們可以觀察到男人看行動，女人重感受，拓人是屬於「目標達成」型，真理則是「渴望感受」型。兩人的差異如下：

「目標達成」型的行為模式

・屬於狩獵的、有目的的行動
・目標導向（要滿足計畫內容）
・重視效率（時間）
・如果不是追求目標就會覺得無趣

「渴望感受」型的行為模式

・屬於農耕的、經營型的行動
・過程導向（即使有計畫，也很重視中間的過程）

・比起效率，更重視眼前發生的事情

・即使沒有目標也能樂在其中

當然這些不同會因人而異，但這樣的差異表現在兩性之間卻尤其明顯，拓人是屬於典型的「目標達成者」，而真理則是「渴望感受者」。

◎解決之道：認知男女的做法不同，但目的卻相同！

要如何調整才能讓雙方互相理解呢？首先要先瞭解彼此的目的（愉快的相處），然後行程不要過於嚴密。也就是說，雙方都知道彼此內心的需求，達成共識之後，行動上也要跟著調整。

男女朋友會因為彼此的差異而增加相處的樂趣。相反的，如果雙方都是相同類型的人，兩人反而容易演變成競爭關係，讓相處更痛苦。

個性迥異的兩人，即使對時間和空間有著不同的感受方式，但雙方若能共同體驗，便能成就令人愉快的約會時光。

案例3 視線老是偷瞄其他女生的男人

◎女人會在意男人對其他異性好奇的目光

午餐後，兩人再度和好，所以他們省略過鶴岡八幡宮，前往鎌倉車站的途中，與迎面而來往鶴岡八幡宮方向的一群女生擦身而過。在這群女孩中有彷彿從雜誌裡走出來、穿搭流行時尚的女生，也包括了幾對勾著手走路的情侶。

拓人每次與美麗的女生擦身而過時，總會多看個幾眼，也曾經發出「哇，美呆了！」的讚嘆聲，甚至不自覺的盯著對方的背影。

真理對拓人的那種態度相當不滿，對他說：「你給我差不多一點！」雖然還是勾著手，但原本應該很歡樂的對話，卻因為拓人偷瞄女生的關係，氣氛變得有些凝重。你覺得約會時目光總是遊移到其他女生身上的拓人如何？

還有，真理應該怎麼樣看待有這種反應的拓人呢？

◎從關係的分歧看見：「四處播種」型VS.「生兒育女」型

真理對於正和自己約會，卻對其他女生表現出好奇心的拓人感到不滿。男性確實有這樣的傾向，視線不經意的停留在長相美麗的女性，而且無論年紀到了幾歲，注意異性的傾向都不容易改變。

當約會中的男女，與看起來優質的情侶擦身而過時，常會注意哪裡呢？男性會先觀察異性（女性），接著再看對方的男性友人。

女性則剛好相反，大多會先觀察同性（女性），然後再看男性。

對於這種男女差異，身心科的姬野友美醫師在其著作中有以下的描述：

男女的大腦不同、荷爾蒙不同、身體結構不同、角色不同，差異大到甚至會懷疑對方是不是地球人？

為了縮短男女之間的分歧，就必須相互認同性別的差異。

＊出處：姬野友美《女生為什麼會突然暴怒？》、《男生為什麼會突然被女生甩掉？》

說明白一點，男女的差異就在「大腦結構」。

男性的大腦具有「解決・競爭腦」中的「四處播種」性格，會以夢想、浪漫為優先，具有能夠意識到「森林」，卻看不到「樹」的傾向。**而女性的大腦則具有「同理・感受腦」中的「生兒育女」的性格**，會以現實為優先，具有只見得到「樹」卻看不到「森林」的特質。

從心理學的角度來看，這樣的理論雖然無法完全套用在所有人身上，但至少拓人身上的確具有姬野友美醫師所說的傾向。

◎解決之道：男人的視線游移只是一種「鑑賞」

如果妳的另一半的反應就像拓人一樣，請放寬心吧！雖然拓人看起來花心的樣子，但是他並不是真的移情別戀，僅僅只是「欣賞」而已，這時候只要提醒他「你又來了！真是習性不改耶！」就好了。

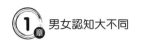

人會依據場合情境而改變自我形象

◎職場上是霸道總裁，在家卻是慈祥奶爸

多數男性會改變家庭與職場的角色。比方說，在公司老是不斷斥責部屬的霸道總裁，回到家卻是會下廚，願意照顧孩子的新好男人。

相反地，也有在家明明不肯泡茶，在公司卻會心甘情願的泡咖啡、洗茶杯的男人。不可否認的，這世上就是會有人前人後反差大的人。

或許有妻子會認為自己的丈夫不洗碗也不下廚，但事實上，有些是因為妻子事先都把家務事做完了，或是營造出家事由女性做主的氛圍所造成。

同樣的，女性也有表裡不一的情況，像是日本有一年，出現了某位女眾議員被祕書控告的新聞。不只是女眾議員的例子，有不少明明學經歷出色、人生一帆風順的人，但工作時的人品和溝通技巧卻無比差勁。

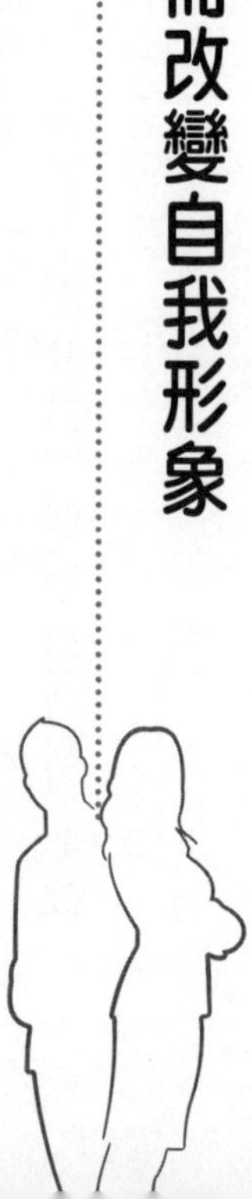

我的看法是，出社會後容易遇到人際關係問題的人，可能是因為學生時代的人際相處磨練不足，這樣的情形經常發生在男女分班或男女分校的人身上。

先前提到瞭解男女之間的差異很重要，所以男校或女校的學生在看待事情的角度和思考方式可能就會稍嫌不夠周全。

阿德勒在早期就曾說過：**「磨練人際關係，要從小開始，並且建議選擇男女共學的環境。」**也就是透過學校生活，就近去觀察「男女的差異」，因為那是可以透過互動和相處感覺出來的。

如果從小就待在只有男校或女校的同性環境裡，會不知不覺只用與自己相似的感覺、與自己相似的想法去看待周遭人事物。如果沒有在學校這種能夠學習到各種溝通的場域中與想法不同的人（異性）互動相處，人際關係的處理就會顯得比較困難而難以圓融。

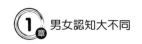

以獨特的方式描繪自己的「生活風格」

◎「呈現○○」的現狀與「想要呈現○○」的理想

阿德勒心理學重要的概念中提出了「**生活風格**」的概念。這裡所說的生活風格並不是一般所謂的「生活方式」，而是指「**對自己的信念**」、「**對世界的信念**」。

阿德勒心理學研究也會年年進化，現代阿德勒心理學將生活風格定位為「一個人對自己的看法、對世界的信念，以及理想的狀態」，並統整出以下內容：

①**自我概念**……對自己的信念，「我是一個什麼樣的人」

②**世界觀**……對世界的信念，「這是一個什麼樣的世界（人生、人們、男性、女性、夥伴等等）」

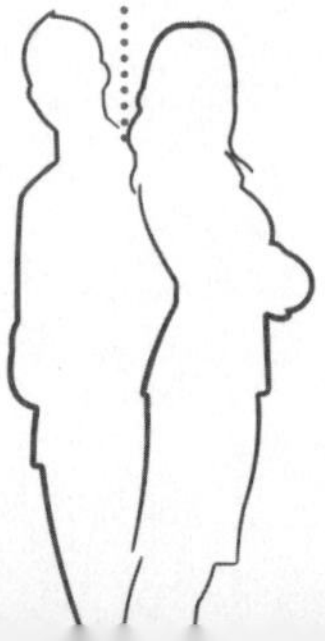

③ **理想自我……**對理想的自己以及理想世界的信念，「我應該是一個什麼樣的人」、「對我而言，希望世界（人生、人們、男性、女性、夥伴等外在環境）是什麼樣子」

回顧序章裡的那位離婚女性的手札吧！尚美小姐擁有「父親不太疼愛身為長女的我」的**「世界觀」**，並且養成「小時候，母親就不停地跟我抱怨『男人很髒』、『男人是狼』，就像洗腦般，我每天都得聽上好幾回」的**「世界觀」**，所以與父親的關係變得淡薄。這位母親的洗腦也變本加厲地不斷重複再重複。最後出現「反正我就是沒用的人」貶低自己的**「自我概念」**，並同時親身體驗到「男人很狡猾」、「男人不可信」，也就是尚美的母親之前所洗腦的男性特質。最後形成了消極的世界觀和低自我概念，同時伴隨「必須對男性提高警覺」的**「理想自我」**。

生活風格的分類

<table>
<tr><th></th><th>自己</th><th>世界</th></tr>
<tr><td>現狀</td><td>自我概念
對自己的信念，「我是一個什麼樣的人」
</td><td>世界觀
對世界的信念，「世界是什麼樣子」

</td></tr>
<tr><td>理想</td><td colspan="2">理想自我
「我應該是一個什麼樣的人」
「對我而言，希望世界是什麼樣子」
對理想的自己和理想世界的信念

</td></tr>
</table>

◎沉重父母對孩子的不良影響

這裡要先針對手札裡「尚美與父母的關係」做分析解說：

尚美的母親，就是所謂的「沉重的父母」。把「男人很狡猾」、「男人不可信」等觀念經常掛在嘴邊，對女兒洗腦的行為，我們在這裡稱之為**「父母的施壓」**。這幾年日本也出現了「毒親」一詞，甚至成為社會問題，像這樣因為父母過度的施加壓力，無形中對孩子造成了莫大的影響。

影響的傾向 1

像尚美一樣，即使已經是大人也無法逃離父母親的束縛，終其一生被操控。

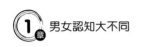

影響的傾向 2

當人生面臨重大決定時，控制欲、依賴感、攻擊性就會浮出表面，對未來的不安、持續苛責自己的罪惡感、不健全的心態等等，都會因為束縛而更加明顯，對友誼任務和愛的任務造成了阻礙。

阿德勒心理學認為**父母的影響能藉由「自己的決心」與「有自覺的努力」克服**。另外，還有一個重要觀點，即**創造性自我**（**creative self**）。他認為，人類不是環境或遺傳影響之下的被害者，相反的，人可以有目的的生活，有機會選擇自己想要的生活方式。

但是，尚美卻無法做到，這是為什麼呢？

因為在明白事理後的人生（對她而言，就是開始工作之後的人生），並不認為**「自己就是人生的主角」**。

成為大人後，尚美如果能對自己遇到的問題稍加努力，擬定出建設性的對策，嘗試去解決問題的話，就能從父母的束縛中解放，也就能取回自己人生的主導權。

◎「我是一個什麼樣的人」是可以改變的

雖然有人認為人的性格無法輕易的改變、根深蒂固的想法不會消失，但是現代阿德勒心理學卻主張「性格是可以改變的」。

改變自己的關鍵就是**「生活風格」**，也就是在人生各種狀況所面臨到的「課題」。人只要活著就會遇到各式各樣的問題，當遇到問題時，該如何面對呢？你或許會對問題這件事情抱持著負面想法，但是正面看待生命的課題，面對和處理

三種生命任務

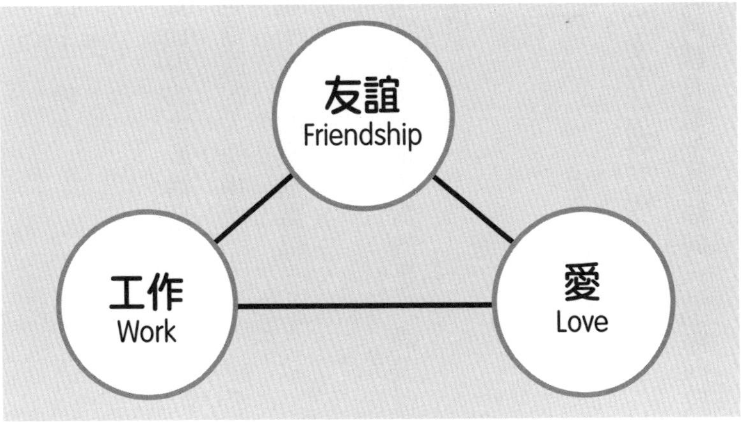

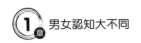

的過程都會成為成長的養分。

阿德勒心理學將生命任務（life tasks）分成以下三類：

①**工作的任務**……從事要求角色、義務、責任等的生產活動

②**友誼的任務**……朋友、同好、鄰居等，與周圍的人的相處

③**愛的任務**……以伴侶關係為基礎，包含親子在內的家庭關係

面對各種生命任務時，就會運用到自己的生活風格。很可惜的是，尚美似乎很難克服「愛的任務」，所以無法改變生活風格。

◎改變的關鍵不在「過去」，而是展望「未來」

為什麼尚美無法接受自己，然後好好的運用「愛的任務」呢？

從過去豐富的諮商經驗來看，尚美的**自我認同感**有偏低的傾向，她傾向於

對「過去」探尋問題的癥結，難以打從心底真正相信別人。

尚美甚至覺得，過去發生的事情對自己的「現在」造成了不好的影響。

心理學把這種傾向消極的想法稱為**「原因論」**，或是**「過去導向」**。

原因論會出現「自己與周圍的人（父母、手足、伴侶等等）之中，哪一個關係不好？哪裡有問題？」的想法，這樣的想法容易讓關係惡化。

如果傾向以原因論看待事物時，當其中一項進行不順利，就會對狀況感到悲觀，把自己想成是被害者或是犧牲者，讓自己掉入泥沼，身陷負面漩渦。

尚美完全被「男人是髒的」、「男人是狼」、「男人很狡猾」、「男人不可信」這樣的「世界觀」以及過去所蒙蔽，根本「沒有與丈夫坦誠相見」。然後一味地認為先生外遇，與其日復一日想著先生與企業家太太的事情，自己也想從中解脫，離婚就這麼脫口而出。

手札的最後，我原本就是只適合窩在小公寓，我現在覺得國小五年級時與母親二人搬到公寓生活的那段日子，才是真正讓自己的心有了歸屬，從這句話也嗅得出尚美消極的「自我概念」。

原因論（過去導向）曾在心理學領域蔚為主流，阿德勒卻否定「現在所受的痛苦，是因為過去的某件事」的因果關係，並提出劃時代的新觀點「心理創傷並不存在」，而提倡與原因論相反的**「目的論」**。

目的論就是「人的行為中具有那個人特有的意念目的」，也稱為**「未來導向」**。此理論主張，即使探究回溯原因也無濟於事。

尚美就是被過去的原因所牽制，認為深受過去影響、沒有力量擺脫心理創傷，才無法採取「與先生對話」、「嘗試理解先生」等適切的溝通和行動。

如果尚美能夠稍微以目的論去思考，會有怎樣的結果呢？

如果她有未來導向、擁有自己的主體性，結局會不會有所不同？

如果具有當事者應有的自我概念、理想自我，事情又將會如何發展？

感覺型態不同，看見的世界就不同

◎視覺型看世界，聽覺型聽世界，觸覺型感受世界

男性與女性的性別差異會依據情境不同而出現角色上的變化，這也說明了，如果人能面對生活風格、生命任務，就能夠成功的改變自己。

還有一項，那就是身為諮商師、研習講師深感興趣的：**人類的「感覺型態」**。仔細觀察人們，就能大致掌握對方**主要優先使用什麼感覺型態**。多年的諮商實務經驗累積，我有深刻的體會，我們若能獲悉一個人的感覺型態，就能讓彼此的溝通更加圓融順暢。

人類的感覺型態分成以下三類：

①**視覺優先型**

② **聽覺優先型**

③ **觸覺．運動優先型**

知道對方的感覺型態後，就能輕鬆找到與對方相處的方式。

關於「感覺型態」，NLP（神經語言程式學）現在常常會提出這樣的溝通理論，事實上源頭就是來自於阿德勒。阿德勒曾提到以下的內容：

關於學校教育，師長常常會忘記感覺型態的原則。有些孩子喜歡觀察，無論什麼時候都想觀察，而無法仔細聆聽旁人說話。如果想教育這樣的孩子懂得聆聽，孩子們就得壓抑自己的本性。事實上，學校中多數的孩子不會只享受單一感覺，所以不能只用單一方式教導小孩。

其實有些孩子只擅長聆聽，有些只擅長觀察，也有總是停不下來、喜歡活動的孩子，因此不能對這三種完全不同類型的孩子期待相同的行為結果。

＊出處：阿爾弗雷德．阿德勒的《阿德勒心理學講義》

◎感官運用有優先劣後之分

我們在孩提時期會藉由視覺（眼睛看得見的）、聽覺（耳朵聽得見的）、觸覺．運動（以手觸摸，以身體感覺）在生活體驗中記住身邊周圍的狀況。那時候的我們並非均衡地使用這些感官，而是學習**積極運用某種感官，或是不憑靠其他感覺**。

舉例來說，有些人不管去哪裡，都會牢牢記住眼睛看得到的東西，仰賴每個重點形狀或是顏色。尤其是年幼時喜歡畫畫的人，更有可能以視覺型態所獲得的情報為主，然後記下方向路線。

也有些人會直接把別人說過的話記下來，也會對時間、空間很有概念，重視連續性，因此找到目的地。

擅長運動的人，則會用觸覺的感官以瞭解周圍狀況。

我們的生命，或是從經驗來看，都不需要仰賴所有的感覺，所以自然而然會放大其中一種感覺型態，或是忽略其中一種。逐漸地，優先感覺以及劣後感覺就會形成並固定下來。

◎探索你和伴侶的感覺型態

六種瞭解感覺型態的方法：

①**數字記憶型**……提示5位數的數字，讓對方從最後的數字倒數唸出來。另外，也可以讓對方回答2位數乘法。這時候請特別觀察對方眼球的移動。

②**從特定的A點到B點的地理觀念**……設定需要用5分鐘以上行走，且有轉角的地區，讓對方用2分鐘左右的時間說出他的走法。這時候要特別觀察對方使用什麼樣的表現方式。

③**夢**……詢問對方夢到什麼，就會感受到濃厚的個人色彩。

④**興奮體驗**……曾經有忘我的興奮體驗嗎？請對方分享，就能清楚知道這個人使用的優先感覺。

⑤**旅行的回憶……**請對方分享過往的旅行經驗。還記得怎樣的景象呢？透過四周的聲音、廣播、食物的味道等等，這個人的優先／劣後的感覺就會變得清晰。

⑥**孩提時期的故事……**請對方分享在十歲前的某日、某時、某場景所發生的事情，就能從這個故事的表現方式推測這個人的感覺型態。

不管是哪一種感覺型態，與其正式的談話，建議嘗試以聊天的方式自然的進行，如此一來能使其個人色彩浮現，讓感覺型態更趨顯明。

不過，就算分出不同的型態，每個人或多或少都會同時具有這三種感覺型態，所以只能說是優先劣後之別，也就是相對來說比較突出或是淡薄。如果滿分是100分來說，一個人的感覺型態可能是視覺80分、聽覺60分、觸覺・運動70分。換言之，任何一項感覺能力都不會趨近於0分。

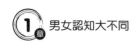

◎視覺優先型

以我的觀察，我認為不少女性都屬於此類。

如果先生剪了頭髮，就會馬上說「啊，剪頭髮了！」女生之間也常常會出現「化妝方式改變了耶！」、「你用什麼牌子的口紅？」之類的對話。相對而言，多數男生對於這些變化反而比較無感。

眼球的移動、身體與手的動作

視覺優先型的特徵是眼球容易往上飄。比方說在說明地圖時，會一邊往上看，一邊在腦海中浮出影像，接著再用語言表達出來。

身體與手的動作雖然不會很多，但有時候往上看的同時，手掌也會跟著往上移動。

表現方式和說話方式

最明顯的特徵就是用語中會出現很多與形狀、顏色相關的詞彙。

請對方說出從最近的車站到自家的路線時，某些人就會浮現典型的視覺優先特徵：

「從車站的北方出口出來，正前方會看到高聳的山，那就是〇〇山。現在正是綠意盎然的時節。如果一到11月，就可以看到美麗的楓葉，把整座山染得一片火紅。進入12月就會因為覆蓋著冬雪而白了山頭。」

就像這樣執著在顏色上，讓話題難以繼續。

這種類型的人，說話似乎有比較快的傾向，或許是因為迫不及待想要把腦海的畫面說出來。

溝通特性和邏輯的展開

因為視覺優先型的人在腦海中首先出現的是畫面，所以有時候會有缺乏邏輯的情況發生。當這類感覺型態的人將腦海中一一浮現的景象描述出來時，有時會出現跳躍式的邏輯，甚至是沒有邏輯。另一個特徵則是固執、以偏概全。

邏輯的展開如同「畫面」的移動，在腦海中一幕一幕呈現出照片或是畫面，再自己解讀、表現，也會有靈光乍現的時候，但也可能缺乏連貫性。

如何跟視覺優先型的人溝通

禁忌是拐彎抹角的表現方式。最好一邊使用視覺工具，一邊留意溝通方式是否能讓對方在腦海中浮現出畫面。

◎聽覺優先型

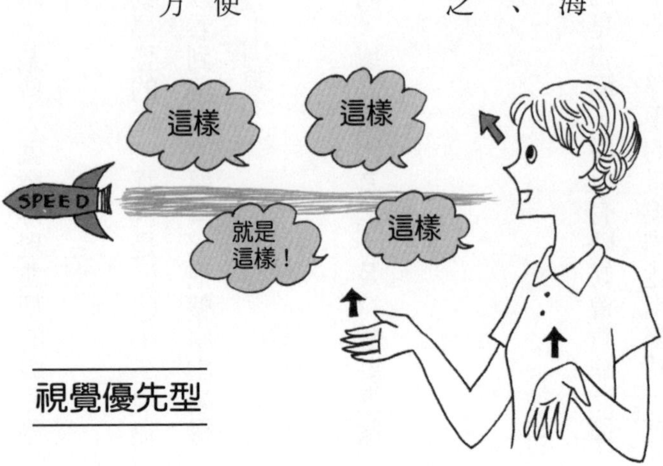

視覺優先型

依據我的觀察，我認為不少男性都屬於此類。這也可以稱為「邏輯派」：凡事都講求邏輯。以研習講座為例，發了資料要進行說明時，如果講解頁數跳來跳去，這類型的人就會開始抱怨。

眼球的移動、身體與手的動作

眼球不太轉動。如果從正面看，會稍微往下，和其他兩種類型相比，眼球移動的比例最低。

身體跟手的動作也一樣偏少，即使與內容相關，能讓對方更了解，也只會伴隨最低限度的動作。

表現方式和說話方式

聲調不太明顯、速度也不算快，如果是典型聽覺優先型的人，說的話還能直接轉成文章。

說話方式雖然條理分明，卻會讓人覺得偏於單調而且囉嗦，甚至有一點固執的感覺。聽覺優先型的人會堅持某部分必須好好說清楚。

讓對方說出從車站到家的地理環境時，此類型的人會很正確地說出時間、距離，對自己所感興趣的部分則會說得口沫橫飛，像是：

「從○○車站的西口出來，就會看到三條放射狀的路。幾乎完美地相隔60度。從最左邊的路直行160M，男性的腳程約走2分鐘後，左邊就有一間△△中藥行。那間中藥行的歷史悠久，聽說建於日本元祿時代。雖然名字是中藥行，但其實是包含日式藥材的老店。過了那間中藥行後向左轉……」

說話內容條理分明，讓人清楚知道他想一步一步的如實傳達。

溝通的特性和邏輯展開

聽覺優先型的人最討厭的是缺乏邏輯、邏輯整合不足、不按牌理出牌。

連聽笑話時也是如此，比起感性，更要求邏輯。所以當大家都在笑的時候，這類型的人可能就會雙手交叉環抱胸前開始思考。

邏輯展開如同「線」的移動，重視連貫性、連續性。

面對工作，自己會事先擬定好計畫，並且依照順序進行，即使臨時接到工作的委託，也會好好的將未完成的工作做完，再接續下一個工作，所以可能會讓周圍的人覺得工作效率不好。

如何跟聽覺優先型的人溝通

不要一想到什麼就說什麼，或用笑掩蓋一切。應該清楚說明目的、意義，也要提出優缺點，而且盡可能的排除感性，有條理邏輯的表達。

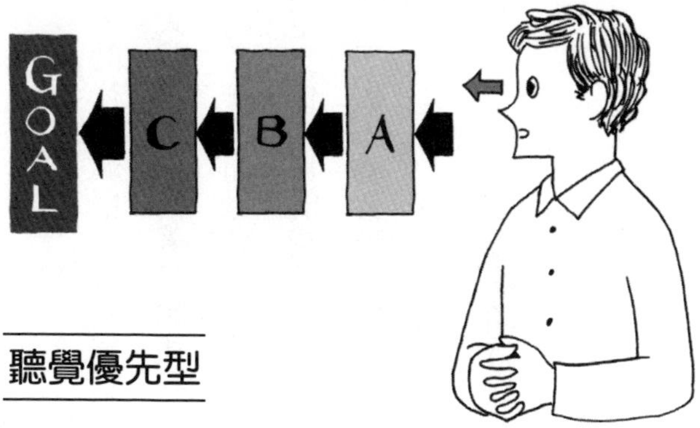

聽覺優先型

◎觸覺・運動優先型

也可以稱為「運動型、情緒型」。這種類型的人通常會以身體的感覺、情緒去感受事物，不擅長畫面處理和邏輯處理。

在工作上表現出來的特徵是，即使已經決定一整天的行程順序，當有電話進來，就會突然放下手邊工作，離開位置，跑去跟某人談事情，接著又順便跟其他人聊天，總算回到座位之後，卻沒有接續未完成的工作，而是做了其他新的工作等等缺乏連續性的特徵。即使原本進行某項既定工作，可能突然發現什麼，覺得目前的工作出現瓶頸之類的，而難以繼續進行下去，就會轉而做其他事情。

閱讀也是如此，還沒讀完一整本，就開始讀新的書，即使周圍都堆滿讀到一半的書也不在意。旁人或許會覺得這類型的人好動而不沉穩吧！

溝通的特性和邏輯展開

邏輯展開是以「點」的方式移動，特徵是缺乏延續的脈絡，呈現飛躍的型態。

我曾經聽過某位女性講師的演講，那位講師說了：「今天內容的重點有三項」，便在黑板上寫了1、2、3，接著從1開始解說。但是在提到某人的話題時，突然跳脫主題，說：「啊，對了！我跟那個人是在某場派對上碰到的……」接著又說：「對了對了！在那場派對上也碰到了○○，之後也因為與○○的緣分而促成了……」結果最後那三項重點只說了1就結束了。

眼球的移動、身體與手的動作

觸覺・運動優先型的人眼球的移動會動個不停。

身體與手的動作會以誇張的方式展現，動作與話題內容並無相關。也無法安靜聆聽，會不斷地移動身體。

表現方式和說話方式

聲音的音調表現明顯，語句中也會稍微停頓。談話內容並沒有時序觀念，說話時會像剛才那位女性講師，穿插「啊，對了！」的句子。觸覺．運動優先型的特徵之一就是使用很多像「唧、咻咻咻（形容工作進行得很順利）、砰」等諸如此類的狀聲詞。

如何跟觸覺．運動優先型的人溝通

與其講道理，他們會先採取行動，想先動手摸。

屬於感官派，所以「行動先於道理」，之後再說道理吧！

觸覺．運動優先型

◎日常生活中活用感覺型態的智慧

第二次世界大戰時的聯合艦隊司令長官，山本五十六曾經說過：「做給他看〔主張視覺〕、說給他聽〔主張聽覺〕、讓他嘗試〔主張觸覺・運動〕，若不讚美，人是不會行動的。」（＊〔〕為岩井註）這些話成了區分各種感覺型態的指導法而重新大放異彩。

在日常生活中如何活用感覺型態的智慧呢？如果關係裡兩人的感覺型態不同，又該怎麼做呢？首先要知道自己的感覺型態，接著就請留意以下三點：

①**不執著於優先感覺**……與對方溝通時，如果無法理解對方，就會傾向用自己的優先感覺去說服，而且通常是發生在與對方感覺型態不同時，在那種情況，有時就必須用到自己的非優先感覺型態。

②**補足劣後感覺**……即使是劣後感覺型態，但那樣的能力也不等同零，也能夠經由訓練而強化。順帶一提，我是屬於視覺劣後型，但是研習時也會花心

思製作PPT，滿足聽眾視覺上的感受。

③**與對方優先感覺相串聯**……實際運用目前所學，就能知道對方的感覺型態，如此一來就能配合對方的優先感覺型態，讓溝通更順暢。

◎最理想的狀態是伴侶特質互補

如果詢問某對夫妻，讓他們分享新婚旅行的事情。先生如果說：「去了東南亞。還記得什麼？就是食物吧！很辣，味道也很嗆。然後也差點趕不上班機，那時還狂奔呢！」這就是屬於觸覺‧運動型。

太太如果說：「我還記得的是夜景，太陽下沉後，讓人有海天一線的感覺……也記得椰子樹的美，與雲彩呈現分明的對比……」很明顯的，太太就是屬於視覺型。

你或許會覺得感覺型態相同會比較適合，其實**感覺型態若能互補，反而能讓溝通更豐富**；型態若相同，就可能會忽略重點。

◎與其追求「男性特質」、「女性特質」，不如探索「自我特質」

以往提到男性魅力，就會想到男子氣概、強壯，像西部牛仔般「具男性特質」的男人。提到女性也是，會以碧姬・芭杜那種「具女性特質」作為代表。

現在已經不是那樣的時代了。如果以明星來說，像日本的貴婦松子、Ryucheru 等，難以區分性別的角色開始受到大眾歡迎。

不過還是會聽到「男人就該有男人的樣子」、「女人就該有女人的樣子」的言論，而且一看到女孩穿粉紅衣服玩著娃娃，男孩穿藍色衣服玩著車子，也會不禁想到這樣的觀念。

或許也有人煩惱著，什麼叫做男性特質、女性特質？請跳脫那種觀點吧！

我想強調的是不妨探索「自我特質」。

在第一章我們談到男女差異以及感覺型態的不同，除了理解那樣的差異之外，兩性相處也要彼此讓步。此外，很重要的是瞭解自己的生活風格，以及活用生命任務的重要性。

在接下來的第二章，我會以「婚活」世代的意見作為線索，並透過幾對夫妻的案例，闡明現代人的戀愛觀和婚姻觀。

2 章

戀愛、結婚、婚姻生活……

因為受傷，男女才會互相成長

唯有兩人之間建立平等的基礎，

愛情才會走在正確的道路上，

並將婚姻引領至成功。

阿爾弗雷德．阿德勒《阿德勒心理學講義》

「愛」與「婚姻」的練習題

◎婚活世代，就是一場大作戰！

「婚活」這個用詞獲得日本流行語大賞提名是在2008年的事情，雖然已經過10年左右的時間，但婚活市場至今仍很活絡。

從為了追求美好的緣分而努力奮鬥的三十歲世代——百合子小姐（化名）那裡聽到這樣的內容：

「在婚姻介紹所、婚活應用程式登錄後，為了從眾多男性中聚焦在可能適合自己的人，所以設定了『年收入』、『職業』、『學歷』等條件。

老實說，因為想生孩子，所以也有時間上的壓力，因為沒辦法在短時間內跟所有男性見面、聊天，為了縮減範圍，所以就設下了最低條件。然後，我也有點在意長相，所以必須附上照片。

首重對方的年收入，是因為考量到養育孩子。養育孩子時，錢是否足夠、是否出得起教育費，就會以這樣的角度檢視對象。如果生了兩個，想到要讓他們上私立學校、讓他們學想學的……所以，勢必得找個年收入有1000萬日幣的人結婚。」

百合子說的內容都貼近真實生活，十分寫實。不過，這樣的想法的確會讓人感覺她只想著要對方付出和給予。某些婚姻介紹所等機構，會建議等待緣分的女性們：不要只想著對方給予，同時也要想想自己可以做些什麼吧！

百合子繼續說：

「即使是女性也能理所當然地進入職場的時代，多數的女性還是處於被動心態。找尋另一半時，仍然是以『如何從男性那裡獲得幸福，對方是否能讓自己幸福』作為基準。不只是我這麼想，我想這或許是大多數女性的心聲和真實感受。嗯，雖然有時我也會想，或許擺脫那種迷思才能獲得幸福。」

◎為了結婚而結婚，是沒有好結果的

究竟什麼是婚姻、什麼是夫妻？

我認為**夫妻需要共同成長，而不是單從社會地位、外表條件來判斷就匆促步入婚姻**。也不是馬上從「戀愛」關係開始，而是因為工作相識或從朋友認識開始……我認為必須要有那樣的過程。

決定結婚對象時，最好有幾位候補者，而且需要朋友階段的相處過程，之後再從中決定伴侶。

如果男女關係直接從「男女朋友」開始，表示一開始就已經決定是這個人，這樣有點說不通，因為沒有辦法看清楚對方是怎樣的人，只有形式像男女朋友，就這麼一路發展，然後與對方結婚，如此一來「目的」與「手段」都會混淆在一起。

如果有「想結婚」的念頭，與其追求經濟條件、社會地位、外表身材等外在條件，不如在朋友階段就先讓自己有幾個選擇，經過時間相處和確認後再做決定。我認為讓自己有仔細觀察對方的人品個性、食物喜好、人生方向或興趣等等的時間會比較理想。

決定住家時，我看了70～80間的房子，之後再以「一輩子要住的房子」這樣的想法，決定現在的房子。

結婚也是一樣的，要從**「選出一輩子在一起的人」的角度，就不能只看外表、經濟能力、職業種類、個人魅力，而是應該增加更多的選項**。在真正遇到理想對象之前，或許會有不少分手、被分手的經驗，但還是建議經過那樣的過程決定婚姻對象會比較理想。

總而言之，建議放棄只為「結婚」的念頭而立刻展開交往的狀態。

◎「愛情」的基本要素：關懷、責任、尊敬和認可

你認為什麼是相愛？

出生於德國的心理學者，屬於阿德勒下一個時代的心理學者——埃里希·弗羅姆（1900～1980年）所著的《愛的藝術》中，有這麼一段：

展現愛情的積極性質，並不是只有給予。

各種形式的愛都是如此，一定可以發現好幾種基本要素，

而那些要素都展現出愛情的積極性質，

基本要素就是關懷、責任、尊敬、認可。

＊出處：埃里希·弗羅姆《愛的藝術》

但是很多情侶步入婚姻後，會馬上想到「對方是否能讓自己幸福」。對伴侶的要求開始增加，卻愈來愈不重視給予付出、尊重扶持。

結婚之後，便將丈夫或妻子視為自己的所有物。一旦結了婚，一輩子就是「妻子」的地位身分，或是「丈夫」的立場角色，這樣不是很奇怪嗎？

如果是伴隨著**婚姻制度所產生的責任**，我認為是**雙方是否剛好具備足夠的資質**。若是不具備那樣的資質，或是不想努力去培養，就抱怨「不幸福」，那樣是不對的，而且太過理想化。

◎愛不該奉獻給命中注定

阿德勒的著作中，如果以「合作」作為關鍵詞，可以找到以下定義：

> 對人類的合作而言，愛與婚姻如本質般存在。
> 那樣的合作，並不是只為了兩人幸福的合作，
> 也是為了全人類幸福的合作。
>
> ＊出處：阿爾弗雷德·阿德勒《自卑與超越》

阿德勒認為，**婚姻中伴侶之間的合作，不只對彼此的幸福產生影響，也會對其他人產生影響，然後拓展至全人類的幸福。**

這樣的觀念與先前提到以「如何從男性那裡獲得幸福、對方是否能讓自己幸福」的信念，也就是與參加婚活的百合子的婚姻觀截然不同。

此外，阿德勒的高徒——魯道夫·德瑞克斯（Rudolf Dreikurs，1897～1972）也留下這樣的話：

Love is not an emotion. Love is a relationship.

（意譯：與其說愛是一種情感，不如說是和諧的人際關係下的副產物。）

意思是並不是先有「愛情」，再建構出關係，而是在和諧的人際關係中，慢慢產生愛。

正在等待新緣分的人或許會認為雙眼看不見的「愛」應該就在某處，所以正在探尋。也可能會認為如果沒有特定的對象，更不知道從何著手。但是呢，事實上唯有穩固的人際關係才會催生出愛情。

漸行漸遠不是因為少了愛，而是少了溝通

◎溝通是經營愛情的首要任務

我曾訪問過婚活世代的男女，我覺得他們將與異性的交往、約會、交換e-mail、聊天等溝通視為「麻煩事」、「對忙於工作或興趣的自己而言，那些是多餘的事情」。

此外，現代男女也會隱藏「害怕受傷、被甩」等膽怯的情緒。如果是在婚活被拒絕，其實只要詢問單身聯誼機構就能知道被拒絕的原因，不過似乎很少人會真的詢問。

我認為尋找伴侶不只是和異性相處的課題，而是**所有人際關係的訓練**，就如同「銷售從被拒絕開始」，被異性拒絕是很好的訓練。

美國心理學者、行為分析學者——史金納，將溝通稱為「語言行為（Verbal

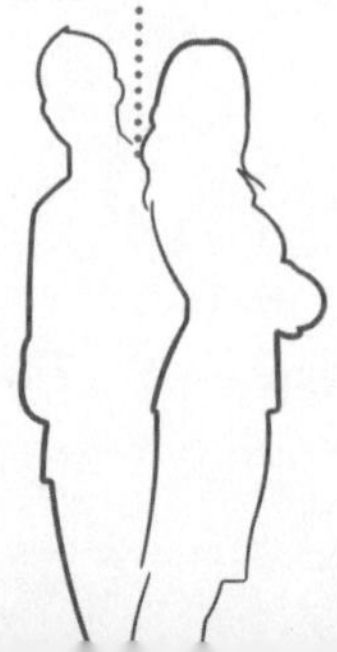

Behavior）」，並分成「mand」、「tact」兩種，兩者都是史金納所創造的語彙。

「mand」來自demand，屬於要求語言。就是**伴隨命令、要求、委託的溝通**。

舉例來說，「從公司回來時幫我買蛋糕」、「明天麻煩去幼兒園接孩子」、「下週日之前，能否幫我準備好行李？」等等，都是要求的語言。

另一個「tact」來自contact，屬於報告語言。**與外界事物相關，意思是將那些事物加以敘述、報告的溝通**。簡單來說，指的是「mand」以外的範圍。

像是「今天前往○○車站時，巧遇你的朋友A」、「附近好像開了新的麵包店，看起來很好吃耶」等等。

以上兩種都稱之為**接觸式溝通**。

成熟的tact溝通可以營造出人際關係的豐富度，但是近年來不擅長「tact」的人真的很多。尤其是男性，在家雖然也會交談，卻只含有命令、要求、委託等「mand」溝通方式。讀到這裡，各位有沒有想到些什麼呢？

◎婚姻出問題，「原生家庭」的糾纏牽絆

這個時代，在網路上，無論人在哪裡，只要透過網路就能簡單地與某人接觸。即使是一個人生活，孤獨、寂寞的感覺似乎也不再明顯。

不過，這種「淺薄」的往來，能算是認真在經營真實的友誼嗎？

未婚率攀升的同時，根據統計，出了社會仍住在原生家庭的人也持續不斷增加。若持續住在舒適的原生家庭、待在讓自己覺得安心的空間，躲在父母過度保護的羽翼之下，或許就不會讓人興起想結婚的念頭，使人更想逃避人群而變得孤立。

現在已經是每三對夫妻就有一對離婚的年代，就我的觀察，**很多離婚的夫妻在婚姻中都有來自「原生家庭」的羈絆**。

在日本，新娘所穿的素白嫁衣中，包含了「希望自己能沾染對方的色彩」的含意，也有「踏上黃泉路」（赴死裝扮）的意思。象徵著必須像告別往日的自己，離開原生家庭，踏進新家。

不過卻也讓人懷疑，離開原生家庭之後，是否也懶得自我改變和成長，因而無法融入新家（不付出努力）。

◎婚姻經營需要「決心」、「覺悟」和「相互成長」

婚姻並不是原生家庭的延伸，而是全新建構的環境。所以婚後還是常常將「我家如何如何……」掛在嘴邊的人，是一種不成熟的表現。

長輩中也有做得很不錯的例子，像是某位女性想把孩子委託娘家照顧時，自己的母親卻這麼說：

「我可以照顧孩子（孫子），但要付錢。」

「什麼啊？媽媽怎麼分得那麼清楚……」

「妳去請其他人照顧看看，妳應該也會付費吧！我並不是想要錢，而是希望妳是帶著那樣的決心離開娘家的。」

我很同意這位母親的作法，因為身為爺爺奶奶，並沒有義務要照顧孫子。

其他也有和丈夫吵架後原本想跟娘家求助，娘家的雙親卻說：「妳已經嫁出去了，我不希望妳是這樣的狀況下回來。如果妳要求助，就去其他地方。」只好摸摸鼻子回去的女性。或許當事人會覺得「怎麼那麼無情！」，但是冷靜後再想想，也覺得學習獨立會比較好。

不能只是因為吵架就嚷嚷著要回原生家庭，雖然**與原生家庭也需要合作，卻不需要彼此袒護、過度依賴**，否則很多人都會輕易地放著新建構的家庭不管，使社會秩序大亂。

阿德勒心理學認為，因為結婚而另組家庭的伴侶，有營造新家特有的價值觀與氣氛的責任，如果伴侶間無法從原生家庭脫離、蛻變，就是不成熟的徵兆。

◎「黏膩的親子關係」扼殺個體獨立性，試著跟父母離婚

最近似乎有「感情黏膩的親子」，但我認為那是很不自然的關係。

窩在被稱為「**共依存**」的領域，不管到什麼年紀兒女都無法自立。結婚需

要已經自立的兩人相處在一起，才能成為很好的伴侶，所以一直依賴原生家庭的人，就容易走向離婚。

「共依存」指的是彼此透過被對方需要而找到自己的存在意義，從中獲得滿足感、安心感的關係。因為沒有獨立的自我意志、價值觀，對方所給的就是一切，所以雙方在關係裡常常會覺得不安全感和擔憂恐懼。

別用自己的思維去揣測他人的內心

◎當「察言觀色」文化遇上「主張自我」文化

不擅長接觸式溝通的日本人逐漸增加，同時社會上不可思議的溝通法正在蔓延，那就是**日本人過度展現特有的「察言觀色」文化**。

2017年春天，**「忖度」**這個有些陌生的詞彙不斷地在電視、報章雜誌、網路上出現，用知名的日文國語辭典「廣辭苑」查詢後，找到了「推敲他人心中想法」的解釋。

「忖度」這個新潮語開始躍上媒體後，發揮了絕對的支配力和影響力，「推敲他人心中的想法」成了理所當然的常識。

來自一位異國婚姻的日本女性的煩惱：丈夫是美國人，經常邀請名為約翰（化名）的友人來家裡。妻子對於接連的招待感到困擾，於是就跟丈夫說：「我討厭約翰。」丈夫回答：「原來如此。」過了幾天，卻又把約翰帶來家裡。

如果丈夫是日本人，或許會觀察妻子的神態表情、話語語氣，從中理解到「請不要把約翰帶來」的意思吧！不過，丈夫是「主張自我」文化的美國人，即使聽到「我討厭約翰」，也不會嗅出其中含意，而是依照字面上的敘述直接解釋為「原來如此，妳討厭約翰」，而不去深究藏有什麼樣的言外之意。

另外，中國人、韓國人也有「主張自我」的文化傾向。

◎透過語言表達感受才能避免代溝

考量像這樣的國際文化認知上的代溝，日本人必須多運用語言表達心意和想法，因為當今的社會已經邁入不這麼做就無法相互理解的時代了。

如果被歐美「主張自我」文化類型，也就是任何想法都會直接以語言表達的人再三追問，就會想說「應該可以不用那麼囉嗦吧？」；又或是遇到像日本人，期待不說對方能夠理解，就會焦躁地覺得「不說出來怎麼會知道？」等情形發生。

◎同理心，創造親密與支持的關係

不只是國際文化認知的代溝，最近社會上缺乏對伴侶關係而言很重要的**「同理心」**的人也逐漸增加。

同理心就是關心對方所關心的，考量對方的想法、情感和目前現狀。缺乏同理心的人，就是只關心自己、對他人冷漠，欠缺觀察對方希望自己做出什麼舉動的感性能力。

「察言觀色」的各種煩惱

2016年在日本播出而造成話題的電視劇《月薪嬌妻》，就是以缺乏同理心的男性作為主角。

面對缺乏同理心的男性，就算期待「我已經做了些舉動、釋出好意，你也該說些什麼了吧！」但他還是不動如山，因為覺得「畢竟你什麼都沒說出口」。

阿德勒認為同理是**「以他人的眼睛去看、以他人的耳朵去聽、以他人的心去感受」**，與**共同體感覺**無法切割。

如果用其他說法，沒有同理心的人，或許也能說是「欠缺共同體感覺的人」。

共同體感覺就是對共同體（像是家庭、夥伴、社群的聚會）的歸屬感、同理心、信任感、貢獻等感覺或情感的統稱，阿德勒心理學將其視為精神健康的指標。

案例4 筋疲力竭的妻子與只在意晚餐的丈夫

◎「想自己一個人」的人妻在想什麼？

這是失去姊姊而魂不守舍的美由紀（化名）的案例。姊姊的告別式結束的那一天，丈夫廣志（化名）和從鄉下過來的哥哥一起回到家的時間是晚上六點。

疲憊不堪的美由紀對著廣志說：「我好累啊！頭很痛。」以她的角度來看，因為失去姊姊的悲痛，以及辦理喪事忙碌著接待親人和弔唁者，所以結束後想小酌一杯，好好放鬆。

美由紀心想著「現在，想自己一個人……」，對於剛忙完喪事，還要幫廣志的哥哥訂飯店，自己開始覺得有點後悔。

美由紀說了：「不知道怎麼了，想自己一個人啊！」

廣志卻回了這樣的話：

「那我們的晚餐呢？」

聽到這句話，美由紀相當詫異的說：

「你就這麼不懂我嗎？」

為什麼廣志只擔心晚餐的事情？

說出「你就這麼不懂我嗎？」的美由紀，對廣志的看法是什麼？

◎從關係的分歧看見：目標型人格和感受型人格

也算是案例2的複習，像廣志的特質是屬於「目標型人格」，會想依計畫毫無阻礙地進行，即使面對無法進行計畫的狀況，也會有「晚上當然就要吃晚餐」的想法。而美由紀則是聚焦於心裡的感受，期望伴侶能感同身受她的心情，屬於「感受型人格」。

◎解決之道：面對無法放低姿態的另一半，更應該說出來

美由紀將重視效率、目標導向的廣志的行為解讀為「這人無法理解我的感受」，也會很煩地覺得「不要催我」。如果美由紀嚷嚷著頭痛時，廣志能說：「今天一整天，應該很辛苦，累了吧？」，接著再說：「今天的晚餐，要買外食嗎？還是要出去吃？有沒有我可以做的事情？」就好了。

美由紀如果不是說：「我好累啊！頭很痛。」而是說：「你哥哥來了，那晚餐可不可以由你負責？我已經累到不行，如果要吃外食，那可以麻煩你去買嗎？」若能這麼表達，對彼此都好。

這裡學到的教訓是，身為丈夫，不能以工作的態度處理家庭的事務。尤其是妻子情緒低落的時候，應該**「以妻子的眼睛去看、以妻子的耳朵去聽、以妻子的心去感受」**。

而妻子也要改變希望對方從自己的狀態中察言觀色的心態，應該清楚的用語言表達內心的感受與想法。

案例5 演變成殺人事件！如果當時用心傾聽

◎話不能聽表面，還要聽見言外之意

如果抱持著「希望不表達就能被觀察」的心態，其實會衍生出麻煩問題，以下介紹一個實例：

還記得1999年秋冬時，在日本東京護國寺幼兒園發生的音羽（地名）小女孩殺人事件嗎？這起事件起因於某幼兒園的學童母親之間的忌妒。H小妹妹（當時2歲），在護國寺中的洗手間被哥哥同學的母親Y殺害。當時「音羽升學考試殺人事件」造成社會相當大的轟動。

情節相當複雜，經過數次開庭，才讓整起事件的脈絡變得清楚。

Y母親把自己和W（H小妹妹的母親）鬧翻的事情跟身為僧侶的丈夫說，

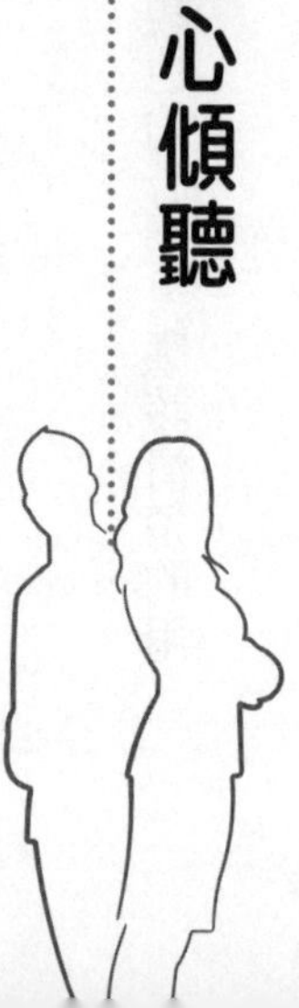

但據說丈夫似乎給了這樣的回應：

「妳不要抱怨，幼兒園一放學馬上騎腳踏車回家就好。」

但是她還是心有未甘，某天晚上，Y哄完兩個孩子入睡後，就這麼問先生：

「如果我殺了人，會怎樣呢？」

此時請考量先生的立場，從共同生活的妻子口中聽到「殺人」一詞，如果你是男性，你會怎麼回答？如果妳是女性，又希望丈夫如何適時回應妳的心情呢？

最後的結果是，Y殺了H的小女兒。當時丈夫似乎沒能適切的承接妻子的問題，他究竟是怎麼說的呢？

◎從關係的分歧看見：世上也有希望不說對方就會知道的人

「那是什麼傻話！如果做了那種事，我們一家不就毀了嗎？」

這就是丈夫的回答。從某個角度來看，確實也有道理，但是，似乎忽略了更重要的內容。

當妻子說出「殺人」一詞，其實是包含了很深的想法（意圖、情感等等）。這位先生是寺廟的副住持，聽說也很積極進行電話諮商，不過卻沒有正面看待妻子的想法。無法獲得丈夫理解的Y，就這麼殺了H小妹妹。

丈夫在最後開庭時說了這樣的話：

「我有聽到妻子的話，但是我的內心卻沒有聽到。」

好好地聆聽對方的話，這與寫考題不同，不能只是光用語言反應。在某種狀況下，對方的意圖、情感、訊息等等都必須推測設想，然後回應語言背後隱藏的要素。

◎解決之道：先同理對方的心情，再聆聽對方的心聲

如果另一半是過度期待能被觀察理解的類型，或許會很重視對方的反應，

所以必須好好地回應。當對方詢問：「如果我殺了人，會怎樣呢？」應該怎麼回應才好呢？

換作是我，我會先複述對方說過的詞彙：「嗯，如果妳殺人？」

這是溝通技巧中的**「重複法」**。

接著她或許就會回答：「也不是真的想殺人啦！」在言語中流露出某種想法。

同樣都是「確認」，卻有兩種做法：①**重複**。重複相同的詞彙，試著咀嚼、補充對方說的話；②**明確化**。推測存在言語背後，隱而未說、尚未傳達出來的內容，一邊推測一邊表達。

要先同理對方，感同身受對方的處境，好好的傾聽。然後說：「該不會是因為W的事情？」當妻子回答：「其實，W的事情讓我煩惱不已。」接著再詢問：「那我可以做些什麼？」或是「妳自己想怎麼做？」。

為了不讓類似的悲劇上演，希望大家都能小心留意，避免「我聽到妻子的話，但我的內心卻沒有聽到」的情況發生。

◎男人的「建議、解釋、替代方案」根本於事無補

男人總是傾向馬上端出意見、解釋、替代方案。當然不是所有的男人都是如此，也有一部分的女人也喜歡給建議，但是這樣的傾向，男人會比較明顯。我想說的是「沒需要就別給」。

在美國心理學者利奧・巴士卡力的著作《愛・被愛》中，收錄了一首佚名詩，是一首很美、很傷感的詩：

明明說「請聽我說」，你卻馬上給了忠告，
為什麼不依我說的呢？
明明說「請聽我說」，你卻馬上開始說教，
為什麼踐踏我的心呢？
明明說「請聽我說」，卻馬上打破砂鍋問到底，
我真的心灰意冷了，
所以，禱告應該有用吧！
因為神不會說什麼，
不會給忠告、也不會打破砂鍋問到底。
神只會默默地傾聽，讓我們自己去解決問題，
拜託你，靜靜地聽我說，
因為，如果你能稍微等待，我也會好好地聽你說。

＊出處：利奥，巴士卡力《愛・被愛》

案例6 可以在炸雞塊上淋上檸檬汁嗎？

◎過度「臆測」伴侶心意反而迷失方向

我們已經看到「希望不說對方就會知道」的人很麻煩，不過，也需要審視某一方是否過度「臆測」。

2017年在日本播出的電視劇《四重奏》中呈現某對夫妻相處的狀況。松隆子飾演妻子真紀，宮藤官九郎飾演丈夫幹夫。原本夫妻相處得很融洽，但是某天幹夫卻突然失蹤。

幹夫是否被真紀謀殺，為劇情掀起了高潮。以懸疑的情節拉開序幕，每位嫌疑者的複雜心思交織出人性的模樣。但是我所關注的是，電視劇中**用餐那一幕成了關鍵場景，呈現真實生活中的「男女不同」**。

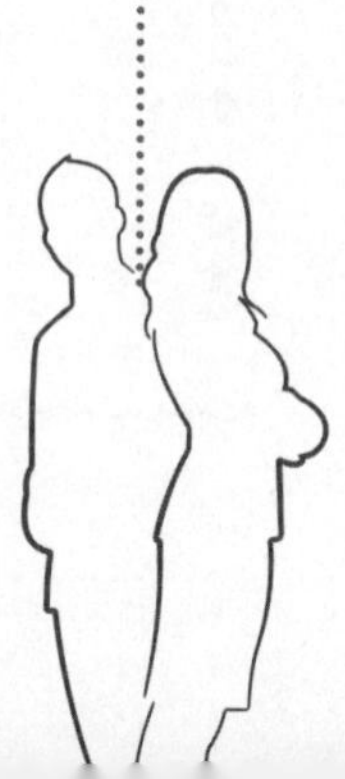

兩人相處融洽時，真紀會做她擅長的炸雞塊，用心到在享用之前才淋上檸檬汁調整味道。

某天，真紀和朋友外出時，恰巧在居酒屋裡看到幹夫以及他公司的前部屬西村，並且不經意地聽到他們的對話。

西村問幹夫：「（炸雞塊）要淋上檸檬汁嗎？」，幹夫卻回答：「啊！不需要。我討厭檸檬。在外面吃的時候，就讓我好好享受自己喜歡的口味吧！」

在家裡的餐桌上，真紀都以為丈夫喜歡淋上檸檬汁的口味，但卻沒想到實際情況是，幹夫一直都討厭淋上檸檬汁的炸雞，而且完全不曾對自己說過。真紀知道實情後，受到相當大的打擊。

◎從關係的分歧看見：「想被觀察」的人與「過度臆測」的人

此外，劇中的夫妻和理想中的「結婚型態」不同。

真紀的原生家庭並不完整，所以她總希望「結婚後，能夠擁有幸福的家庭」，想努力營造出和諧、溫暖，而且可以讓人安心的家庭。

而幹夫卻是被拉小提琴的真紀所擁有的神祕感所吸引，因而萌生愛意，結婚後仍希望真紀延續戀愛時的樣子。不過，步入婚姻之後，妻子開始被柴米油鹽所圍繞，不知道從什麼時候開始，真紀不再拉小提琴了，於是幹夫對於變成黃臉婆的妻子開始嫌棄。

這種類型可以說是追求另一半與自己的特質不同而交往，不過在一起之後對方卻漸漸被自己同化。

西村在居酒屋詢問正在埋怨妻子的幹夫：「你應該不愛你太太了吧？」，幹夫卻說：「愛啊！雖然愛，但不喜歡她現在的樣子」的回答，聽了讓人覺得感傷。

◎解決之道1：坦率的表達自己的想法和心情

幹夫與真紀這對夫妻就是「想說的話無法用語言表達，卻希望對方能夠理解的人」與「過度臆測的人」結婚的案例。或許也有人會說：「啊！跟我們家狀況一樣！」

就像炸雞塊的檸檬，如果在家，另一半做了自己不喜歡的事情，不妨直接用語言表達自己的感受：

「要不要偶爾不要淋上檸檬汁？你好像很喜歡，不過，我今天想吃吃看沒有淋檸檬汁的口味。」

就像這樣，先讓彼此嚐嚐看沒有淋上檸檬汁的雞塊，接著說：「怎麼樣呢？如果妳還是喜歡，那可以淋一半，另一半我想吃原味。如果我自己想加上檸檬汁，我會自己來。」坦率地用語言表達真實想法。

◎解決之道2：不要預設立場，而是取得對方的理解

妻子出自一片好意而淋上檸檬汁，這樣的臆測卻出現反效果。

英文的「May I help you?」是日文所沒有的表達方式，直譯就是「我來幫你吧！」；如果是服飾店的店員，就是「您在找什麼商品呢？」；若是接線生，就是「請問需要什麼協助？」換言之，**「需要我做〇〇嗎？」，是取得對方理解的表現方式**。

我認為這部分是日本人欠缺的，常常取而代之的是擅自揣測對方的想法，擅長出自好心為對方做出一些行為。如果能先說「May I help you?」（需要我做〇〇嗎？），對方就有回答「No」（不用）的空間。像真紀那樣擅自解讀對方的感受，如果是討厭檸檬的人，就沒有機會說出「No」了。

另外，《四重奏》中還出現，即使問了「要淋檸檬嗎？」都嫌不夠的人物。因為如果是問句，明明不想加，卻也會回答「沒關係」。此時就必須使用「有檸檬喔！」的確認句。

所以應該審慎的看待每個人在食物方面的喜好。

「察言觀色」不等同「刻意討好」

◎討好型伴侶真的是好伴侶嗎？

大膽地說，其實我不太喜歡「討好型」的人。

很多討好他人的人都想要成為「被愛的角色」。**心底想著，如果討好別人，周圍的人應該會認為自己是個好人**。我覺得有很多人都工於心計，為了「想受歡迎」、「想被愛」而表現出貼心。

取悅他人就是**「Pleaser（取悅者）」**，為了討好他人，再怎麼不講理的事情也肯接受。

假設希望討好他人的人成了主管的祕書，很可能會有以下類似的事情，某天當主管說：「這份資料希望用最快速度完成」。即使是晚上已經有約，原本打算六點回去，但一聽到「用最快速度完成」，祕書就拚了命的趕在八點之前

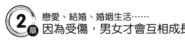

完成資料。

資料交給主管時，他卻說：「咦？妳今天就做完啦？其實只要在明天下午兩點的主管會議前完成就好了。」

其實這位祕書只要多問一句：「什麼時候會用到這份資料呢？」就不會有這樣的情形發生，但她卻因為取悅他人而犧牲了約會，結果也不是對方要求的，反而造成了自己的損失。

取悅有好有壞，我們不能囿於「取悅是件好事」的價值觀，希望能重視實際層面的「語言的含意」。

◎餐桌上更需要取得對方的「同意」

幾年前當「女子力」這樣的造詞開始流行時，在宴席上用小盤子幫大家夾沙拉的行為就被認為是「女子力很高」。

然而這也需要省思，因為也有人會認為「不要擅自幫我裝沙拉，我並沒有很想吃沙拉」。

如果是中式餐廳，當服務生將餃子送來，就會有人準備所有人的沾醬：醬油多一些、醋少一些、加上一點辣油……其實我很討厭那樣。最令人吃不消的是，先從辣油開始裝的人，因為加了辣油，之後的醬油和醋就很難拌勻。

我有自己吃餃子的方式，醋跟醬油的比例是2比1。當然也有不加醋的人、什麼都不沾的人，人各有所好，全部都按照自己的想法替他人準備，是對餃子失禮的做法！

當棒棒雞這道料理送到餐桌時，就會有馬上把雞肉攪拌的人，但是我喜歡分開吃，完全不想吃拌勻之後的棒棒雞！

串燒雞肉也是一樣，總會有把竹籤抽走的人，不過對我來說，串燒雞肉就該橫著把肉咬下！

諸如此類的事情，雖然是半開玩笑的說，但目的是想讓大家知道，生活中確實存在那樣的人。

其實我很克制鹽分的攝取，所以有時候餃子是不會沾醬的。**正因為每個人在食物上的喜好表現差異尤其明顯，所以才需要取得對方的「同意」**。

「串燒雞肉要抽掉竹籤嗎？」

「棒棒雞需要攪拌均勻嗎？」

建議稍微問一下他人對食物的喜好，而且現在也流行想吃沙拉的時候再自行取用就好了。所以最近「那麼，大家就各自取用吧！」這句話也成了「女子力很高」的表現。

同理可證，情侶之間的臆測也是誤解來源，不妨讓自己從臆測的約會解放吧！

常在美國影集中看到，在家沖泡咖啡時，丈夫每次都會問妻子：「要加牛奶嗎？」即使妻子的習慣是喝黑咖啡，但或許那天妻子就是想加牛奶，所以丈夫才會多問一句：「今天要加牛奶嗎？」

不暗自揣測他人心思，請每次都直接詢問對方的想法。我覺得這就是情侶相處融洽的祕訣。

食物喜好要取得對方「同意」

案例7 慢郎中的丈夫與急驚風的妻子

雙薪家庭的家事分配是門學問

有這樣的雙薪家庭，總是習慣把「啊！好累！」、「啊！好想睡！」掛在嘴邊的先生。

當妻子說：「幫我晾衣服。」若是得到丈夫「啊！好累！」的回應，妻子就會產生「咦！是不想幫忙晾嗎？」、「難道我什麼都該做？」的情緒，但是仔細觀察就可以知道，其實丈夫是想幫忙晾衣服的。面對丈夫難以理解的反應，妻子也開始煩惱著「他究竟在想什麼？」

從關係的分歧看見：家庭中也存在著「時差」

說得明白一點，這就是夫妻之間的「時差」問題。在這個案例中，妻子希望「丈夫快一點做家事」，但其實丈夫也擬定好做家事的計畫，只不過跟妻子的認知有些落差。

說得誇張點，妻子會想著「希望1小時內可以做完的事情，在15分鐘內完成」，而丈夫卻是「希望1小時內可以做完的事情，能用2小時的時間完成」。兩者存在相當大的時差，**丈夫所想的「手邊的事情告一段落後再做家事」，在妻子眼裡卻是不必要的「偷懶」**。

一起做家事時，也有類型相反的夫妻：急驚風的丈夫認為「一吃完就要馬上洗碗盤」，慢郎中的妻子卻覺得「碗盤先堆著，之後再一起洗」。這兩者也是存在**夫妻之間的時差問題**。

才結婚半年左右的女性驚訝地表示，丈夫在家會邊喝咖啡邊說：「一星期前發生了……」因為如果是自己，應該會說：「今天遇到○○，然後發生了……」一星期前發生的事情，居然拖到現在才說，不禁讓人覺得「這個人，究竟是怎麼回事？」

即使這位女性在開玩笑，丈夫也會稍微思考一下，然後才說：「原來如此，很有趣耶！」而感覺彼此的節奏不合拍。

吃早餐時，因為某件事情想與先生商量，說了一句：「你說一下自己的想法」，先生回說：「那我想一下。」結果那晚妻子就一直在等先生的回覆，卻無消無息，等到三天後先生才回覆。

◎解決之道：把所有的婚姻都視為異國婚姻

同樣都身為日本人，因為長相和外表都很相似，所以就會認為即使不表達也能心意相通，但這卻是天大的誤解。因為男女本來就是不同的生物，即使是朝夕相處的夫妻，也是完全不同的人種，除了時差、語言不同，文化也相異。因此我認為，婚姻生活的時差，或是男女之間的不同，其實也是一種文化差異的展現，如果對另一半的關係能理解成「所有的婚姻都是異國婚姻」，應該會相處得比較好。

3 章

無性婚姻、假面夫妻、不倫外遇、離婚……

如何消弭
夫妻間的鴻溝？

或許在貶低、抱怨他人時，

忌妒是有用的。

但是，那些都是剝奪他人自由，

為了牽制、束縛他人的手段。

阿爾弗雷德．阿德勒《認識人性》

相敬如冰！無性的假面夫妻

◎無性婚姻如啞巴吃黃蓮，女人也有性需求

最近的資料顯示，每三對夫妻就有一對離婚，除此之外，假面夫妻也似乎也越來越多。我認為感情冷卻、沒有性行為的夫妻，本質上就形同於離婚。

這幾年來我這裡諮詢夫妻性生活的女性增加了。像是序章的手札中，尚美的先生對她說「媽媽照顧孩子已經很辛苦了，反正我們也已經生了男孩，應該可以了」。妻子被視為孩子的「母親」、生孩子的「機器」，最後就像對待室友，甚至是照顧孩子的負責人，無酬勞動，成了理所當然的管家……

以前曾經有官員說出「女人是生孩子的機器」這樣的話，也許不是出於惡意，卻是反映他的內心理所當然地如此認為。

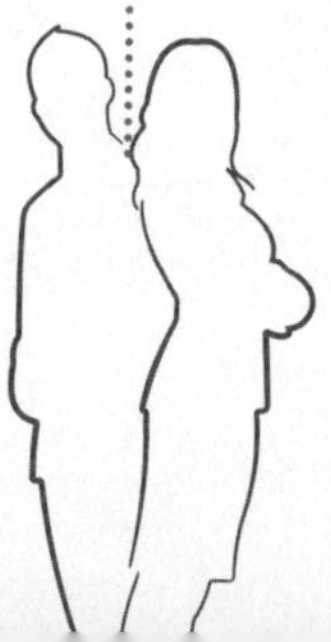

◎男女對「性」的想法不一樣

為什麼男女對性的看法不同？

尚美的先生認為「生了孩子後，妻子的任務就結束了」，甚至「自己的任務也結束了」，性行為是為了孕育後代而存在的，所以才說「因為生了可以延續香火的男孩，所以就可以了」。

不過，女性對性的看法卻並非如此，性不只是展現在行為上，而是包含更廣的概念。

此外，也有完全不了解性的男性，**甚至也有很多無法好好與伴侶擁抱的男人**。

因為性生活問題來我這裡諮詢的夫妻，我都會先請他們練習擁抱。這時候就會出現運動型的擁抱，就像相撲似的，以強而有力的氣勢擁抱另一半。等等，請等一下！

雖然想教那些男人溫柔的擁抱方式，但是因為我也不能觸碰到他們的伴侶

（女性），所以就會跟他說：「這次請你先假裝是女生」。

接著我以男性的角色擁抱先生。

「這種擁抱方式，感覺怎麼樣？」

「啊！完全不一樣耶！」

「但是你每次抱你太太時，都不是這種抱法，而是雙手穿過對方腋下鎖緊的格鬥技啊！」

◎乾柴生烈火，別讓床事交白卷

阿德勒的弟子魯道夫·德瑞克斯在《人是如何相愛呢？》中，提到性有三種功能：

①**生殖的基礎**……延續下一代的生育功能。

②**滿足個人的手段**……追求快樂的功能，往往單方面結束。指的是只追求自己或是占有他人的滿足感。

③**一體化（肉體的、精神的）**……兩人緊密連結，在肉體上、精神上成為一體。

阿德勒心理學重視的是第三點：「一體化」。

如果從這個角度思考無性夫妻增加的原因，應該還是因為對性存在「**男女認知差異**」吧！

性包含三種領域：

①**大領域**……燈光、香氛、背景音樂等刺激五官的領域

②**小領域**……伴隨擁抱、碰觸身體的領域

③**核心領域**……性的結合

建議嘗試跟伴侶溝通自己追求哪個領域的滿足感。

很多男性深信唯有核心領域（性的結合）才稱得上性，滿腦子都想做愛，

想脫掉對方的衣服、占有、追求粗暴的性，或是有不得不做的使命感，而且也深信女性應該也喜歡那樣的行為。

但是很多女性，即使沒有核心領域，只有大領域或是小領域也能從中獲得滿足，甚至有很多人更重視感官方面的滿足。

在日本常見的成人影片，似乎都以「占有女性」為目的，描繪粗暴的性愛場景，那種觀念深深影響年輕族群，不禁令人擔心**「必須占有對方，霸道的滿足對方」的誤解正持續蔓延**。

無法像成人影片那樣占有、粗暴，也不想霸道做法的男性，就會逐漸對性失去自信，這也是造成無性生活的主要因素。

不存在代溝的幸福夫妻的性生活，通常都有**充分的準備（大領域）→好好地擁抱（補足小領域）→互相在核心領域獲得滿足**。

◎「性愛」是一種用身體溝通的方式

我並不是推薦性行為本身，而是鼓勵**身體與身體相互接觸**，一**起呼吸**。因為對女性而言，稍微改變燈光、點上香氛蠟燭、喝點美味的紅酒，一起聊天，某種程度也算是性的範圍。

這也是屬於第二章介紹的 tact 溝通的一種：不向對方命令、要求，只是彼此肌膚接觸、呼吸，這樣就足夠了，就能得到與性愛相同的滿足感。

面對親密關係不和，磨合比契合更重要

◎妳不是「性冷感」，只是不知道方法

女性中也有「厭惡性愛」、「性冷感」的人。

為什麼呢？仔細詢問理由後，我在想，或許只是因為「討厭被占有的感覺」。除此之外，也會有覺得性愛「不能慌張」、「不能失敗」，屬於理想型的人。

換言之，把性愛過程中的忘我解讀為「變成淫亂的女性」，或是認為「把自己送上門」、「被男性占有」的感覺而導致厭惡性愛。

如果那樣的女性前來諮商，我就會直接問：「該不會有性冷感？」」，而對方若回答：「是的」，應該就是屬於無法自我解放的類型吧！

無法把自己交託給男性的女性，我會建議夫妻之間的按摩。因為性是為了

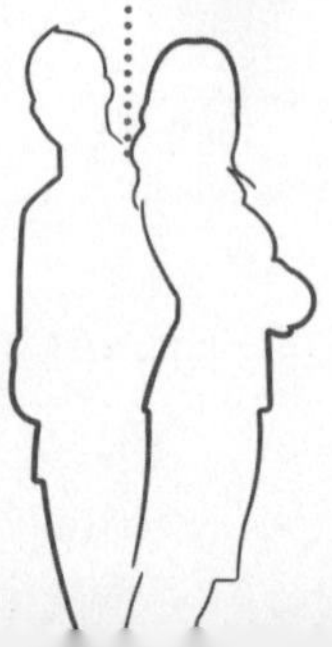

追求肉體上、精神上的一體感而完全把自己交給對方，所以會請夫妻先透過按摩來互相感受。

◎性福，幸福，解開女人身體密碼

伴侶諮商時，常常有男生說「妻子會突然生氣」、「妻子會突然大喊想分開」、「有時無法理解妻子」等情形發生。

你知道「ＰＭＳ」嗎？學理稱之為「經前症候群」、「經前緊張症」，會發生在女性**排卵後，月經前7天～10天開始，是女性特有的症狀**。除了頭痛、想睡等身體上的不適外，心理層面也會出現情緒不安、無來由的發怒。

如果女性突然情緒變差、無來由的發怒，很多時候都是因為ＰＭＳ的關係。

身體方面的症狀

因為下腹部疼痛、腹痛、食慾不振、肩頸僵硬、頭痛、胸部疼痛、便祕、胃痛、倦怠、浮腫等，造成「個人不舒服」。

精神方面的症狀

因為抑鬱、焦躁、不安、攻擊性、情緒不穩、過敏症等，形成了「不僅個人，就連周圍的人也受到影響」。

PMS是受到名為黃體素的女性荷爾蒙的影響所產生的症狀，所以本人也不會自覺。

此外，PMS也常常與性生活的煩惱有關，所以男性可以透過此生理現象了解**如果求歡被拒，並不是另一半打從心底拒絕你，而是因為荷爾蒙變化的關係**。

北美地區在婚前所進行的伴侶諮商「Premarital Counseling」，會舉辦追求幸福婚姻的講座，其中PMS相關知識也是男女性必須瞭解的項目。

除了男性也需要瞭解PMS，更重要的是，平常女性就要先談談自己的PMS症狀。如果能事先告知另一半「生理期前，淚腺會比較發達」、「生理期前，都提不起勁」等情形，男性就不會出現「最近女友沒什麼精神，到底怎麼了？」的疑惑，而是會意識到「啊！或許因為經前症候群」，如此一來，就能避免衍生更多彼此之間的誤解。

◎建議無性伴侶嘗試信賴彼此的呼吸練習

對無性夫妻，我會協助他們進行以下的練習：

首先在牆壁放置坐墊或墊子，男性以此為靠背，貼近牆壁坐下，女性則背對男性坐下。男性從女性背後環抱，然後彼此配合呼吸。

先生要完全配合妻子的呼吸，彼此呼吸節奏同調後，就放鬆心情慢慢地呼吸。請試著呼吸完全同步調，然後持續進行5至10分鐘。

每當這個練習結束，大多數的女性都會認為「**比性更愉悅**」、「**呼吸能同步，感覺真好**」。

由此也證明了許多先生都不知道妻子的呼吸節奏。

◎改變對伴侶的稱呼，會有意想不到的效果

對前來諮商的夫妻，我還有另一個會建議他們的方式：

就是不要再稱呼伴侶為「爸爸」、「媽媽」。

對孩子而言當然是爸爸、媽媽，但是妻子並不是丈夫的「媽媽」，而丈夫也不是「爸爸」。稱呼伴侶為爸爸、媽媽，就成了「孩子的爸爸（或是媽媽）的屬性」，造成了夫妻問題。

某次我對失和的夫妻說：「從今天開始，請試著改掉爸爸、媽媽的稱呼方式。交往時或是決定要步入婚姻之前，你們怎麼稱呼彼此？請回到那個時候。」

結果如何呢？雖然一開始夫妻會難以適應，但是習慣婚前的稱呼後，就慢

慢慢想起戀愛時的樣子，回到當時交往的氛圍，開始重視彼此。

就是這麼簡單，又重回愛的感覺。

◎溝通彼此的性愛觀才能找到平衡

在這裡也想建議各位的是，心中若是有「希望至少可以這樣」的想法時，雙方能夠以語言達成協議。

某對夫妻會在玄關放置招財貓，當招財貓向後轉時，就表示「希望今天不要」；如果朝向正面，則表示「今天可以喔」，這些都是妻子發出的訊息，丈夫回到家時就會加以確認。如果不好意思用語言表示，也可以像上述的例子，**夫妻事先決定好 YES 和 NO 的訊息**。

不倫外遇，絕對不是為愛昏了頭

◎為了報復而發展的婚外性行為

2017年以雙重外遇為主題的電視劇、電影掀起話題熱潮。

以往提到外遇（婚外情），總會聯想到已婚男性與單身女性……但是最近已婚女性外遇的案例也不在少數。

女性發生婚外情的理由之一是「**對另一半的報復**」。因為丈夫外遇在先，自己嚥不下這口氣……

此外，似乎也想確認自己仍有「**身為女性的魅力**」。因為結婚後與丈夫的性愛次數逐漸減少，或是沒有性生活，心裡會想著「雖然丈夫不認同自己，但自己還是有身為女人的可能性，想找其他男人證明自己的魅力。」

以下是常見的夫妻爭吵內容：

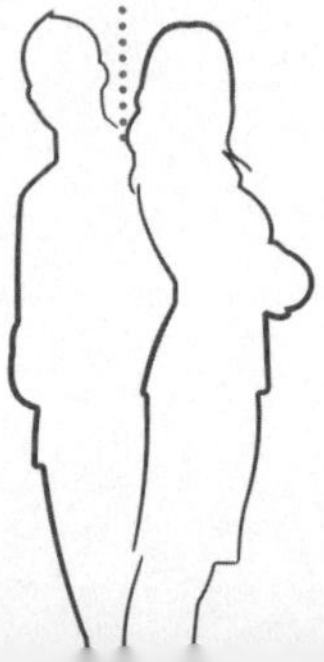

「沒有人要你！」

「胡說什麼？還是會有其他人要我！」

無論男人或是女人，都希望自己是有魅力的，所以才會想藉由**他人的稱讚獲得優越感**。

◎「證明魅力、尋求他人仰慕」是外遇的主因

為了證明自己的魅力、想被崇拜仰慕，就容易發生外遇。在特殊的案例中，丈夫與妻子無法達到的性體驗，卻能與婚外情的對象發生。而外遇對象的女人也會嘗試丈夫不肯做的各種性愛體位，追求身體感官刺激之外，也從中感受身為男人以及身為女人的極限。

也就是說，夫妻之間做不到的事情，就會找婚外情的對象來做。

為什麼夫妻之間做不到呢？

婚後生了孩子，為了養育小孩時間被壓縮，而且孩子在的時候，無法自然

的享受性愛。如果是外遇，只要去汽車旅館，不僅有充裕的時間，也有適合的環境，很多事情都可以挑戰極限。

對於性生活不美滿的夫妻，或是懷疑可能某方有外遇的夫妻，我都會建議他們去汽車旅館。

「什麼？結婚前有去，自從一起生活之後就沒去了。因為在家不就可以了嗎？」

「那就更應該去，請去一次試試看。就像單身的時候一樣，請好好的約會。把孩子交給其他人照顧，約會中也不要提到孩子的話題，然後，就去一趟汽車旅館吧！」

這對夫妻之後的發展……

「您那樣的建議，真的很棒！自從那次之後，我們有時也會去汽車旅館。」後來這對夫妻表達了對我的感謝。

和戀愛時期相比，一旦步入婚姻，就會失去很多東西。因為結婚，就不會再去汽車旅館、不會去好的餐廳吃頓飯，更不會一起旅行。但是，這樣是很奇怪的，**正因為結婚，才要比單身時期，擁有更充實滿足的親密關係才是。**

◎婚外情的對象只是「宣洩的工具」？

有時候也會遇到像灑網捕魚般，跟很多對象外遇的人。雖然以男性居多，但因為妻子的懇求，所以也會來我這裡進行諮商。

我覺得有很多外遇癖好的人，對另一半完全缺乏相互尊敬、相互信賴，無論是對妻子還是外遇對象，都只視為「宣洩的工具」。也就是無法把一個人視為有尊嚴的個體。

在這裡分享一個有趣的案例吧！刊載在diamond・online的文章（2017年7月1日），「去旅館只有碰碰臉頰！凡人無法理解的第二伴侶戀愛觀」，寫著超乎戀愛常識的內容。

根據《友達以上，外遇未滿》的作者——自由記者秋山謙一郎著作的內容：

和成人的已婚者，也就是「第二伴侶」的戀愛，正因為沒有發生性關係，彼此的關係才變得深厚。沒有肉體關係，也不輕吻，但是會去商務旅館，分開時會互碰臉頰說聲「再見」。像這樣私底下約會碰面，與第二伴侶的關係，甚至比結婚對象更親密。

有趣的現象是，因為與第二伴侶柏拉圖式的戀愛滿足了心靈的空虛，居然有不少人與配偶的性生活因此獲得改善。

我實際聽過的案例是，生了孩子後，夫妻之間的性生活就此告終，並且彼此默認配偶的婚外性行為。

阿德勒直言：「看起來似乎深愛著兩人，但事實上，誰都不愛。」（摘自《自卑與超越》），不過這個世代確實存在著冠冕堂皇的同時愛著兩個人的人。

案例8 藏在語言背後微妙的情感

◎知道丈夫「期間限定外遇」的妻子

這是從我實際諮商過的數個案例綜合改寫而成的內容。

和夫（化名，38歲）與正子（化名，35歲）結婚十年，彼此都有工作。正子說：「結婚後，現在是最充實的關係。」雖然還沒有放棄生子的念頭，但是令人在意的是，夫妻之間的關係就像朋友或兄妹，一年內的性愛次數屈指可數。

這對夫妻突然遇到危機，某次趁著和夫泡澡時，正子看了和夫的手機郵件之後，發現某位女性傳來的訊息內容居然寫了：「昨晚真是激烈啊！」

正子追問和夫後，和夫也坦承了兩人的關係，並說：「昨天是最後一次。」

正夫的說明如下：

和夫公司的派遣員工理惠主動說：「希望未婚夫不在日本的期間，能做我兩個月的男友。」聽到美麗的理惠這麼說，可能再加上酒精的作用，和夫就像被狐狸魅惑般的蠱惑。

「希望你現在、在這裡就回答我。」女方不斷的向他哀求，和夫於是就答應了女方的請求。那晚兩人同睡一張床，自此之後，大概是一週一次的頻率發生性關係。而今天女方的未婚夫就要回國，所以他們昨晚性愛進行得激烈，並且如之前約定好的，昨天就是最後一天，會清算彼此的關係。

聽完那些話的正子怒火中燒，奪門而出，並且把婚戒丟到水溝。

◎從關係的分歧看見：婚後也要把妻子視為女人看待

那天之後，夫妻雙方只有必要時才會說話。兩人想要離婚，所以就來找我諮商。

既然選擇諮商，就可以知道夫妻「比起清算關係，更希望維持婚姻生活」。不過，正子提出「重買婚戒」、「從丈夫每月5萬日幣的零用錢中撥出1萬日幣，連續兩年支付給妻子」、「要丈夫外遇對象以及她的未婚夫謝罪」這三項條件，態度十分強硬。

丈夫馬上答應①②，卻表示③有難度。

但是之後真正要談離婚條件時，關鍵的人物正子卻不太理會，並且常常說：「我嚥不下這口氣」，所以我詢問她：

「可以請您稍微具體地說一下你的『感受』嗎？」

「我的感受就是不允許丈夫好過。他對我冷感，但是跟那女人見面就會發生關係，這能原諒嗎？他已經不再把我當成女人了，居然還用『關係已經結束了』想草草了事。對我來說，那件事情還沒結束，那樣的事實也不會消失。而且說好的事情他也做不到，一點誠意都沒有！」

也就是說，正子內心的想法是**「希望把我當成女人看，好好維持夫妻關係，**

富有誠意地謝罪。此外，也希望能好好補償我」。

那些話的背後隱藏著微妙的情感以及某些意圖。

◎解決之道：尋找修復親密關係的契機

後來兩人的夫妻關係，比起之前，性生活似乎更美滿了。

夫妻兩人一起諮商，其實就是想修復親密關係。如果兩人都想離婚，還會一起來諮商嗎？一定會覺得「不想看到對方」、「不想在同一個空間，呼吸著相同的空氣」。但是，他們是一起來的，表示他們心中都期盼著能否出現「什麼契機」，都懷著「想修復」關係的念頭。

案例9 女人也想在關係裡獲得主導權

◎妻子在家庭的地位變化而產生的復仇行為

提到復仇，還有另一個有趣的案例。

內科醫生阿進（化名）與護理師小綠（化名）的婚姻曾被阿進父親反對。兩人交往時，雖然阿進也想跟父母介紹小綠，但是父親只丟下一句「不適合當我們家的媳婦」，完全不肯跟小綠見面。對於結婚對象，阿進身邊親友的看法似乎都是「女醫生→藥劑師→護理師」的排序（就像在序章的手札中提到，尚美的公公也是如此，會有「什麼啊？是個小護士！」這樣的反應）。

阿進跟小綠是在阿進父親罹癌去世後半年才辦理結婚登記。沒有辦婚禮，蜜月也只是兩天一夜的國內旅行，也沒能把小綠介紹給阿進的母親跟妹妹，只有用電話說明。

阿進父親的遺骨埋葬在可以看到海的墓園，直到過世兩年後，家人才叫阿進跟小綠帶孩子回去參加父親的三次法事。

那天，小綠終於介紹給阿進的親戚，也一同坐在親戚的位置。阿進看著小綠微笑地與親戚應對，覺得「小綠總算成了家人」而放下心中大石頭。

不過，搭乘回程捷運時卻出現了狀況：小綠拒絕坐在阿進家人附近的位置，反而跟孩子坐在其他車廂。不只這樣，還說：「如果你覺得我重要，就跟那些家人斷絕關係。我不想再看到那些人，也不想要孩子跟那些人有接觸」。

◎從關係的分歧看見：報復是自卑感的替代品

這個案例是從我數個案例綜合改寫而成，這個案例我們可以從不同角度來看：

①應該要察覺和同理之前被拒於門外的小綠的心情。（小綠的擁護派）

②現在小綠怎麼還會要求阿進斷絕與原生家庭的關係？（阿進的擁護派）

③可以理解小綠的心情，但是要阿進與小孩都跟阿進的家人切斷，其實不合情理。（屬於中立的立場）

我的看法是（或許跟我是男性有關）②或是③。我對小綠的控制欲抱持著很大的疑問。

小綠一定是虎視眈眈地等待最佳時機吧！然後伺機再展現自己最真實的一面。有了孩子當籌碼，開始握有主導權，於是想讓丈夫按照自己的意思去做。小綠成了主控者，甚至感覺會說出「如果想看孩子，就得跟我好好道歉」這種話。

以小綠來說，**她不僅在報復丈夫，也是對丈夫的父親以及他們全家人的報復**。

結婚初期，身為妻子的立場還很薄弱，但是自從當了母親、有了孩子之後，能夠操控丈夫而掌握了大權。雙親還健在時，這個部分還不明顯，當其中一方去世之後，妻子的地位就會相對地提升。

換言之，小綠的反應是**「自卑感所產生的報復」**。

持續反對結婚，被阿進原生家庭拒於門外的小綠，內心開始累積想報復的情緒，並且終於等到時機。看得出來小綠內心不聽從長輩，甚至要切斷聯繫，想建構出屬於自己的王國的想法。

◎解決之道：不對報復行為推波助瀾

如果小綠能對丈夫和小孩與阿進原生家庭聯繫的事情「睜一隻眼閉一隻眼」，我認為還可以接受，如果她完全不允許，主張與原生家庭切割，我就會勸他們離婚。

基於兩個理由：要阿進與原生家庭切割的目的是為了報仇，而對報復這種事情推波助瀾其實毫無建設性。

就像這樣，只因為個人感情，就要阿進和孩子與阿進的原生家庭切割，那樣的舉措是操控且專制的做法。

如果阿進聽從小綠的想法與原生家庭切割，之後那種要求也一定會在兩人的婚姻生活中不斷地出現。

家原本是**「信賴、親密、相親相愛的共同體」的單位**。這樣的家庭，如果混以復仇的情感而做出切割，會變成怎麼樣呢？

由不同家庭孕育成長的兩人所建構的婚姻，並不是只有夫妻兩人的事，而是包含**代代的傳承，是家庭與家庭之間的結合**。

可愛的吃醋・製造麻煩的忌妒

◎輕微的占有欲是愛情的證據

雖然這麼說有點奇怪，但是輕微的忌妒是健康的表現。「那個人本來就是會偷吃的人，就隨他去吧！」，如果是保持著放任主義的態度，乍看之下或許覺得穩定，但彼此的情感卻會因此逐漸冷淡。

不過，占有欲或是控制欲如果失衡過度了，也會令人吃不消。有時看到「因為不安而控制他人」類型，像是絕不讓丈夫搭飛機的女性。

明明預定要去國外出差，妻子卻堅持「有很多起嚴重的空安意外，我不希望你搭乘」。如果運氣不好，其實搭任何大眾運輸工具，都會遇到事故，卻獨獨禁止丈夫搭飛機。

如果仔細解讀她「不能搭飛機」的主張，就會知道以下的內容：

表面的意思：「我不希望你遭受危險。」

真正的意思：「留在我身邊，想要你一直和我在一起。」

也就是出於控制欲、沒有安全感的主張。想好好緩和、安撫另一半情緒的方法，就是好好看待、觀察對方的情緒，而溝通技巧之一的**「感情反映法」**（第5章會詳細解釋）便能派得上用場。

◎第三者的忌妒，可是會帶來大麻煩

世界上就是有忌妒他人幸福的人，這種人最是麻煩。

在序章介紹的尚美的手札中，那位告密者就是把看起來很幸福的院長夫人（尚美）視為**忌妒對象的人**，出於競爭心理而告密。也就是「他人的不幸含有蜜糖的滋味」，懷著破壞他人幸福「等著看好戲」的興奮感。

告密的原因，也是出於「自卑感」。毀滅使自己產生自卑感的對象，告密者就成了勝利者。

岩井俊憲對於「愛」的定義

◎從各式各樣的愛之中，尋找你的「愛的定義」

阿德勒活著的時代，理想的夫妻是互助合作、相互成長……但是，如同本章所見，現代人感情不睦的情形確實比例上越來越多。

在看過各種形式的「愛」之後，我找到了以下「愛的定義」：

廣義的「愛」

愛，並非情感的衝動，
而是和諧人際關係的副產品。

除了男女之愛，親子之愛、人際關係等等，全部的愛都屬於廣義的愛的

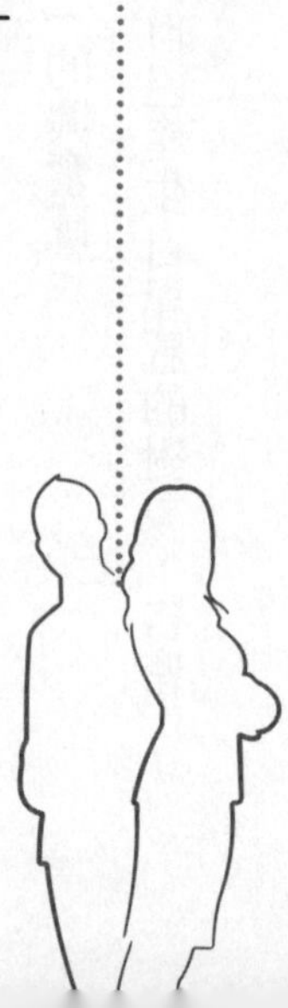

範疇。

這是從重視人際關係的阿德勒心理學的角度所下的定義，也是從之前魯道夫．德瑞克斯所留下「Love is not an emotion. Love is a relationship.」中得到啟示，並將這樣的愛的定義流傳下來。為了在生命任務中的友誼任務、愛的任務維持圓滿的關係，不能靠一時的情感衝動，而是要**以信賴感為基礎的人際關係，才能確立和維持不動搖的愛**。

狹義的「愛」

愛，是由伴侶之間所定義的。

狹義的愛是指伴侶之間的愛。

德瑞克斯在《人是如何相愛呢？》中提到「愛，是當事者所認為的內容，如果廣義地將愛解釋為「和諧人際關係的副產品」，那麼對伴侶而言的愛，就必須是構成伴侶的那兩人都能同意的內容。

由兩人定義的愛，會體現在兩人面對工作任務、友誼任務和愛的任務。如果不違法，並不會破壞共同體，也就是兩人所定義的愛的關係，是他人無法侵略的領域。

如果要舉出常見的例子，從書中第2章出現的**飲食喜好**、**接送孩子**、**朋友關係**、**性愛方式等等**，都應該獲得對方同意，彼此取得共識。

從這個定義來看，無論是與第二伴侶的戀愛，還是默認雙方婚外情的夫妻，客觀上都是無法理解的關係，但是對那些伴侶而言，卻是他們所能容忍的「愛」。說到這裡，你覺得如何呢？

4 章

親密關係的裂痕與修復

如果是坦率、互相信賴的氛圍，

即使遇到對立棘手的問題也能解決。

不相信丈夫會同意的妻子，

或是認為丈夫不可能理解自己的妻子，

其實只是在為吵架與失望做準備。

魯道夫・德瑞克斯的《人是如何相愛呢？》

案例10

婚姻是愛的任務，離婚後是友誼任務

◎透過心理諮商終於瞭解伴侶的心意

在此要介紹某位男性所寫的長篇手札。

這是我從常見的夫妻案例中所改寫的故事：一位40歲世代的男性，經營內科和身心科診所。他在約莫一年前離婚，因為內心還有很多事情放不下，所以找我諮商。這個手札的背景是設定為經過好幾次諮商和晤談後，於某天撰寫而成。

＊＊＊

孩提時期的影響與其他因素

我是酒井，與妻子離婚八個月。最近透過某個管道讀了「離婚女人的心情手札」前妻所寫的手札後，有三點讓我印象深刻：

①孩提時期形成的信念一直操控著她

②大約從診所開業時就出現不合的徵兆

③夫妻關係欠缺互助合作

我決定針對那些內容，加上自身的體驗寫下手札。

首先是孩提時期的事情。戀愛時也曾聽她說，但我那時不覺得會對她造成那麼大的影響，以為跟我結婚後，就能切斷過去，好好地過幸福生活。

剛結婚時，醫師和護理師的夥伴關係發揮了作用，所以彼此都能接受對方不同之處，也會相互尊敬和信賴。

即使如此，她還是無法擺脫「男人很髒」、「男人是狼」、「男人很狡猜」、「男人不可信」這樣的男性意象。此外，她也根深蒂固地認為自己「就是沒用的人」，這些觀念都隨著婚姻生活的危機，慢慢地浮上檯面。

第二，回想創業之際，我們之間的關係似乎已經出現裂痕。身為護理師，她很想幫忙診所的事情，我則認為要「以照顧孩子為優先，只要幫忙簡單的事務處理就好」，殊不知這樣的想法卻埋下導火線。我希望診所的生意早日穩定而無暇看顧家庭，也讓彼此的關係加速惡化。

第三，也與第二有關。開業之後，無論在家或在診所，我們之間的互助關係變得淡薄。在那之前，即使在家也會共同照顧孩子，因為孩子的話題，彼此的溝通也都很熱絡。然而開業後，家事歸她，診所的責任歸我，不知不覺演變成各顧各的崗位。

就算是夫妻之間很重要的溝通方式「性」，也出現了不同的認知。我的確跟她說過「反正我們也已經生了男孩，應該可以了」，雖然不算逃避，但是隨著事業的忙碌、身體疲憊的累積，不知道從什麼時候開始，她成了孩子的母親，而我成了診所的院長，生活任務逐漸區隔開來。因為與她的合作關係變得淡薄，她的懷疑也漸漸地催生出忌妒，夫妻間不再溝通對話，就這麼走向離婚。

但是在離婚調停中「丈夫不想讓這種母親照顧」，所以取得兒子的監護權，這不是真的。因為她發狂似地喊著「我什麼都不要！讓我自己一個人！」所以我才決定把榮一（兒子）託給住在附近的父母照顧。

我看了她的手札，發現之前如此發狂的她，居然能冷靜地寫手札，前後落差之大，讓我相當訝異。

藉此機會，我賭上名譽也要澄清一事：我與企業家夫人之間，完全沒有妻子所懷疑的事情，我沒有做出對不起她的事情。

我替夫人治療、進行心理諮商，也有一起去音樂會和用餐，但僅止於此而已。現在企業家夫妻都還不知道我們離婚的原因，如果說給他們聽，他們一定會一笑置之吧！

兒子的身體出現過敏氣喘症狀

離婚後和我父母住在一起的榮一，表面看來似乎已經適應環境。雖然一週我們會見面一次，但他也不提母親（尚美）的事，感覺也能夠適應新的學校。

不過，過了兩個月左右，我的母親聯絡我「榮一晚上都咳不停，看起來很難受」，我幫他檢查之後，確定是氣喘的症狀。

除內科醫師外，我也是身心科醫師。在醫院任職期間曾經學習阿德勒心理學的基礎，經驗告訴我：榮一是「透過氣喘的症狀，傳遞某些訊息」。

阿德勒初期的理論中，人會透過身體症狀，也就是從身體和器官傳達一些訊息，稱為**「器官隱語（organ jargon）」**。因為心理因素讓身體產生症狀，也就是身心症，症狀包含氣喘、過敏、帶狀疱疹、圓形禿等等。

從這個角度來看，可以把榮一的氣喘理解成非與生俱來，而是來自心理層面。另外，有次在榮一氣喘咳嗽的時候，我的母親撫摸他的背，隨口問「是不是想見媽媽？」，榮一便一邊流淚一邊點頭。

對我來說，失去妻子的失落感並沒有如此沉重，但對榮一來說，母親卻是無可取代。

在人際關係計畫中意識到自我盲點

為了治癒孩子，我又重新閱讀阿德勒的書。當我看到其中一節**「婚姻應該是為了彼此的幸福、孩子們的幸福、社會的幸福的夥伴關係」**（阿爾弗雷德．阿德勒《自卑與超越》）時，宛如被雷打到般，電流在身體裡流竄。

我安於婚後的穩定，忘卻了兩人的伴侶關係，將彼此的幸福，包含孩子在內的家庭幸福棄之不顧，總是優先考量診所的事。

我拜訪曾經教我阿德勒心理學的老師，參加了以夫妻、家人為對象的人際關係計畫。

在那裡我學習到以相互尊敬、相互信賴為基礎，為了共同目標互助合作的關係，其中包含了重複對方說過的話、探索情感背後的想法或其他情感等等練習溝通的基礎。

在團體練習過程中，我嫻熟地將對方所說的內容彙整，並加上自己的解讀和建議。但是對方卻回應「不對、不對」，讓我大受打擊。我似乎是自以為是的解讀他人說的話，卻沒有真正去理解背後重要的含意。

經過那樣的練習，我意識到之前妻子說「讓我自己一個人，我們離婚。」並不是真的希望辦理離婚手續，或許是「希望給我一點時間冷靜」、「希望可以重新檢視我們的婚姻」這樣的訊息。

還記得參加人際關係計畫時，講師講了一句話：

「結婚是愛的任務，離婚是工作的任務，離婚後是友誼的任務。」

我經歷了結婚、離婚，之後該怎麼做呢？我就這麼糊里糊塗地走到現在。但是當講師說到「離婚後是友誼的任務」時，讓我恍然大悟，同時也想到榮一的氣喘，所以決定讓榮一與妻子見面。

一家人終於團圓

我接受阿德勒心理學老師的個人諮商，逐漸瞭解尚美內心的想法。尚美背負著「男人很髒」、「男人是狼」、「男人很狡猾」、「男人不可信」的信念（世界觀），以及「反正我就是沒用的人」這樣的自我概念，都是在孩提時期養成的，這些觀念之後也與她深處的生命任務直接碰撞，而使得她選擇放棄。

我察覺到離婚的理由並不是出於她的忌妒，是我沒能好好理解尚美，沒能調整與她之間的關係，是我自己有錯。

是我把尚美視為工具人，而不是無可取代的伴侶。

離婚三個月後，我讓榮一與尚美見面。

榮一似乎想填滿那三個月空白，開朗地談學校的事、與祖父母生活的事。

我發現尚美自行學會那些我之前練習時做不好的部分：直接重複對方的內容、探索某情感背後的想法或是其他情感等等溝通的基本方法。

當榮一問：「媽媽都在做什麼呢？」，尚美就回答：「每天、每天都在祈求小榮跟爸爸都能幸福生活啊！」

看到這樣的互動，我忍不住衝到廁所哭，那是我不曾有過的經歷。這三個月來，我滿腦子想的都是榮一氣喘、避免離婚對診所造成影響等事情，老實說，我幾乎沒想到尚美的事。

在那之後，不可思議的事情發生了：榮一的氣喘完全消失。我才發現失去母親對榮一造成的壓力，以及能夠像這樣與母親見面團聚對他而言是多麼的療癒。

尋求個人諮商和伴侶諮商

我拜託尚美安排大約一個月跟榮一見面一次，我會參與一半的時間，另一半則是他們母子單獨相處時間。

為了重新檢視自己的生活風格，我持續接受諮商。某天，諮商師帶點捉弄人的眼神看著我說「你們兩人，身為榮一的父母，為了今後友誼的任務能更圓融，要不要跟尚美一起來諮商？」

這樣的晤談真的很有幫助，彼此瞭解對方的生活風格後，並不是探尋「之前發生什麼問題」，而是彼此談談「**之後能怎麼做**」。

另一次伴侶諮商的晤談中，則是**互相說出彼此的優點，最後以感謝收尾**。

三分鐘的晤談中，尚美洋洋灑灑寫下我15項優點，像是「有幹勁、無所不知、熱心研究、有向上心、家庭觀念、重視父母、有決斷力、洞察力、集中力、平衡感、能給他人勇氣等等」。

我卻只寫下她的一半「聰慧、溫柔、擅長做菜、具同理心、耐心、毅力、擅長輔佐他人」。

晤談的最後，我們進行了「互相感謝」的活動，也就是彼此在紙上寫下截至目前為止到今天晤談的感受。

這是彼此表達「三個感謝」的方式，因為是彼此真心地傳達，所以有觸動內心深處的感覺。

這天是兩人最後一次晤談。在那之前的晤談，結束後沒多久時間諮商師就會讓我們回家，但是那天諮商師卻提議「現在你們兩人單獨相處2小時左右吧！」於是我們決定在JR飯田橋站附近的咖啡館喝點東西。這裡是充滿回憶的地方，結婚前，兩人還在交往時，我們曾在這裡一邊喝紅酒一邊享用義式料理，也會一起乘船，度過美好時光。

「但是」，諮商師提出兩個條件：不能出現榮一的話題，以及不能談到離婚的原因。

我們嚴守那些條件，在咖啡館喝紅酒，宛如回到戀愛時期，忘我地暢聊。

充滿真意的情書

最後的晤談只有我一個人。

諮商師提議複習一下在人際關係計畫中學習到的寫信方式，所以我開始回想從結婚到離婚，以及離婚後的生活。

透過諮商，我覺察到之前很多時候自己都忽略的事，也重新認知到尚美無可取代的重要性，然後對尚美寫下就連單身時都沒寫過的，充滿真意的情書。

＊＊＊

怎麼樣呢？

讀了這位男性的手札，你覺得如何？

已經發現了吧！酒井醫生的伴侶，就是在序章介紹過的，手札的主人尚美。面對相同事情，男女立場的不同，看法也截然不同。

就像這樣，**因為語言和身體的溝通不足導致夫妻不和，甚至離婚的案例真的很多。**

酒井醫生一開始稱呼「她」、「妻子」，卻從中間開始變成「尚美」這樣的專有名詞，我對那樣的改變也印象深刻，因為這正呈現出他情緒上的轉折變化。

接著會在下一章，以酒井醫生和尚美這對夫妻的體驗作為基礎，詳細說明我個人認為的「經營親密關係的五大關鍵」。

5 章

經營親密關係的五大關鍵

愛與婚姻

對人類的合作而言，是極為重要的。

那樣的合作，並不是只為了兩人幸福的合作，

也是為了全人類幸福的合作。

出處：阿爾弗雷德．阿德勒《自卑與超越》

「相互尊敬」和「相互信賴」缺一不可

◎締造美好伴侶關係建構法

左圖是我以阿德勒心理學為基礎構思出來的「締造美好伴侶關係建構法」。

首要之務是確立「**相互尊敬、相互信賴**」。

「**尊敬**」是指，即使人有年紀、性別、職業、角色、興趣等方面的不同，但要接受身為人的尊嚴並無不同，能夠禮貌應對的「態度」。

「**信賴**」是指，無關對方的屬性（地位、收入、學歷、經驗等等），都能無條件地相信。總是能努力發現對方行為背後的「善意」，不追求證據。

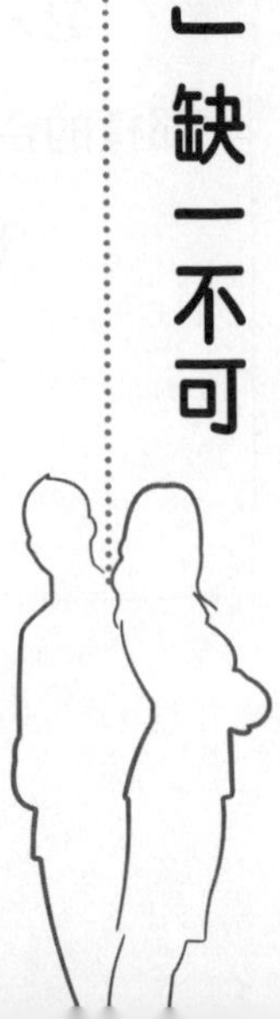

締造美好伴侶關係建構法

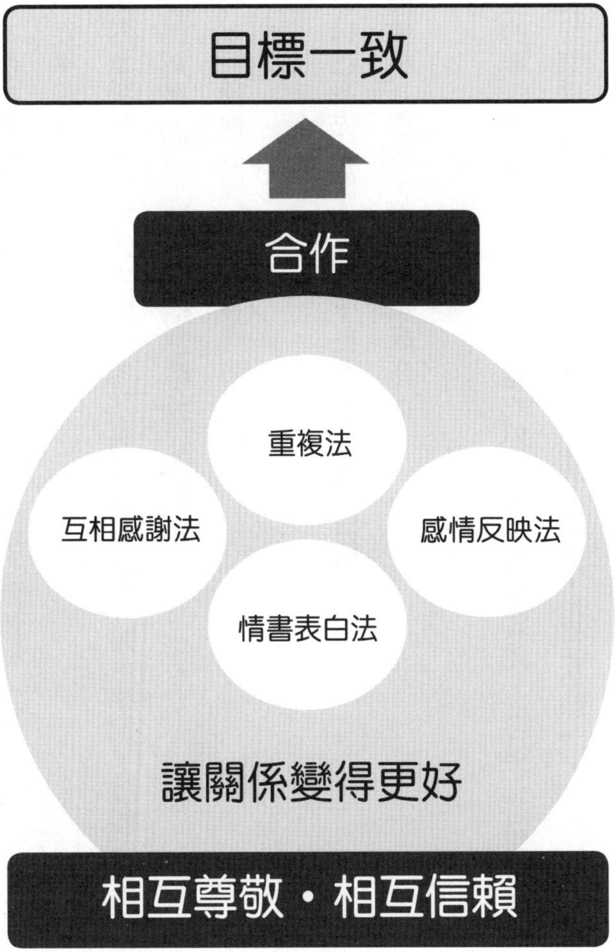

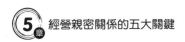

「相互」是重點，如果只是單方面在經營感情，就無法成立。因此「相互尊敬、相互信賴」變得很重要，有如此定義是因為阿德勒心理學比其他心理學更重視男女平等。

在第四章手札中出現的人際關係計畫也提到，酒井醫生學習了以相互尊敬、相互信賴為基礎，為了共同目標互助合作的關係。

此外，阿德勒心理學也有這樣的主張：

唯有自己率先去做、先給予更多的尊敬和信任，才能使相互尊敬、相互信賴成立。

這樣的觀念或許在人際關係複雜的現代社會難以實踐，但是，若想與另一半維持良好關係，還是建議先努力確立「相互尊敬、相互信賴」。

關鍵1 四種溝通方法讓關係更美好

◎兩人相愛也要時常「更新」彼此的動態和心情

我平常就會跟伴侶提倡**日日「更新」的重要**。

在每日的婚姻生活中，更新「先生的事情」、「妻子的事情」。

此外，也要有活動更新和年更新。

就像駕照也有更新期限，兩人相愛也必須隨時更新雙方的動態和心情。

對於遇到關係課題的伴侶，我會建議他們想想**「為了讓彼此關係更美好，能做什麼事情呢？」**這是依據阿德勒心理學重視的「目的論」展開，名為「讓關係更美好」的方法。

第四章的手札中，酒井醫師和尚美約會時，諮商師要求不能出現榮一的話題、不能談到離婚的原因。這些正是依據目的論所給的建議。

用「讓關係更美好」的方式，就能讓彼此為將來做些什麼事情更明確，提高動機的做法。不是「誰或是什麼不好」，而是「怎麼做才能讓現狀更好」的想法。

「讓關係更美好」的方法會用到**「重複法」**、**「互相感謝法」**、**「情書表白法」**、**「感情反映法」**這四項。

這就是我提倡的，經營親密關係的第一項關鍵。

重複法

重複對方的話，可以讓對方的話更完整和明確。像是第二章所提及的，以及第四章手札中出現的直接重複對方的內容都是使用這個方法。

感情反映法

不要只聽見對方說出來的內容，也要感受那些內容背後的「寂寞」、「不要留我一個人」等隱藏的情感，並且轉換成語言。

解讀背後含意並不是多疑。

假設面對丈夫的晚歸，妻子不滿地說「我很生氣」或是「你總是那麼晚回來」。但或許在不滿情緒的背後，藏著「寂寞」的情感，或是「其實那麼晚回來，讓我很擔心是不是在哪裡遇到危險」的擔憂。如果感受到情感的流動時，不妨試著問「是不是我不在，你覺得很寂寞呢？」

有時會遇到不擅長言詞表達的人，當情緒高漲時，話都還沒說出口，眼淚就先流下來。流淚的背後藏著「希望對方可以觀察到」的意圖。當對方追問：「怎麼啦？是因為這樣的事情嗎？」，而另一方卻回答：「不是，你為什麼都不懂我？」反而哭得更嚴重，這樣就會變得很棘手了。

眼淚又稱為「water power」，是有殺傷力的武器，具有操弄人心的力量。不過一直哭泣，不向對方表明的方式，對雙方都不好，所以還是盡量避免。

至少給點提示吧！像是「我對你很失望」、「你的忽略讓我很生氣」等等。當然這些也都是需要經過練習。

此外，在第三章出現的方法，以及第四章的手札中出現的探索情感背後的想法或是其他情感，都是相關的例子。

情書表白法

真心誠意地寫情書，也就是第四章酒井醫生所實踐的充滿真意的情書。

拿給對方的時機，可以是結婚紀念日，或是生日。不需要每年寫，但是拿到情書的人一定會反覆閱讀，每閱讀一次，就會喚醒那些感動。

互相感謝法

每日對彼此的感謝，並且將感謝之意轉化成語言傳達給對方。

在第四章提到的彼此在紙上寫下截至目前，以及今天晤談的感受，就是「互相感謝法」的例子。

對於至今未說過「謝謝」的人來說，或許起初會不習慣，但當你願意說出感謝的話，是不會有人回答：「別跟我說那麼多。」所以請先試試看吧！持續的做，就會慢慢養成習慣。

從可以做到的事情開始，如果現在就能學習並且實踐這些「讓關係更好」的方法，就能擁有良好的伴侶關係。

關鍵2 換位思考，善用同理心的力量

◎人們要的是同理心，不是同情心！

從手札的敘述中可以看到酒井醫生當時只考量自己診所開業，需要快點步入軌道，卻沒有發揮應有的同理心。

在第二章也提及，阿德勒認為同理是「**以他人的眼睛去看、以他人的耳朵去聽、以他人的心去感受**」，與共同體感覺無法切割。

常常有人把「**同理**」跟「**同情**」誤認成相同的東西，不過在人際關係上，阿德勒心理學卻詳細區分這兩者的影響，請參考左頁表格。

如果對伴侶或是狀況屬於「同理」的態度，並不會造成任何問題，但是一進入「同情」的領域後，有時就可能帶來危險，或是產生令人不樂見的作用。

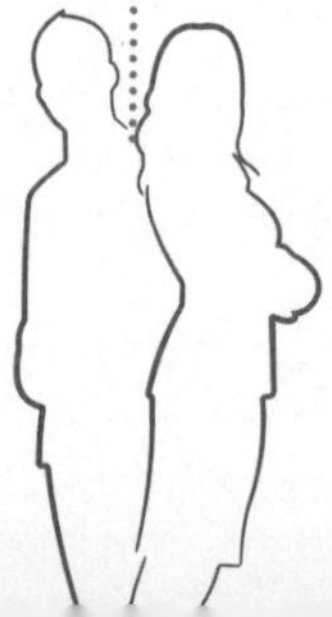

同理與同情的差異

	同理	同情
基礎	尊敬、信賴	控制欲
關心	對方	自己
感情	以信賴作起點，可控制。	以悲憫作起點，容易失控。

「同情」是以上位者的角度看待對方、控制他人。舉例來說，就像第四章的手札，酒井醫生自己也反省過，他的婚姻生活正是那樣的寫照。而在第二章出現的殺人事件，加害者的丈夫也是欠缺同理心的例子。

慶幸的是，同理心能透過反覆練習慢慢養成。

阿德勒心理學中把**個人特有的看法、價值觀稱為「個人邏輯」**。每個人的個人邏輯都不同，重要的是彼此能接受個人邏輯的差異，然後理解、尊重對方的個人邏輯以及各種狀況，讓彼此朝著能夠了解對方，也就是**「共同體感覺」**的方向前進。而其中作為重要的橋梁就是「以他人的眼睛去看、以他人的耳朵去聽、以他人的心去感受」的同理。

生活中隨處都是可以練習同理心的場域。

像是觀賞電影、看電視劇、讀小說等等，**把自己想成「如同主角般」，藉由情感的投入加以訓練**。

此外，參加研習、諮商，或是藉由對話的機會，與其他人交換意見，也能從中學習重視**自己與他人在個人邏輯上的不同**。換言之，可以從對方身上學習、彼此磨練，也就是唯有透過**「共同培育」**才能提高同理心。

請記得，不論到哪裡，隨處都是可以練習同理心的場域。

首先要先瞭解自己是否具有同理心，

如果沒有，就要培養同理心。

這就是我所提倡的，經營親密關係的第二大關鍵。

關鍵3 保持適當神祕使關係更親近

◎夫妻的共同成長需要「相互理解」

我相信離婚的酒井醫生與尚美應該會再度復合。

他們之前無法理解同理對方，以自我為中心的方式相處，尤其是身為丈夫的酒井醫生更是如此。**夫妻彼此互助合作，就是理解對方、理解自己、接受彼此的不同，向共同目標邁進**。如果做不到，感情就無法臻至圓滿。

慶幸的是，最後酒井醫生改變了。

實際上我遇過的諮商案例也是，幾乎沒聽說過夫妻感情圓滿後，「最後以離婚收場」，或是「跟另一半分開」的案例。

當然也有極少數例子選擇離婚，那是由於丈夫或妻子之中，只有單方的自我成長，而另一方卻停滯不前，使得兩人相處貧乏無法共同進步，因而無法繼續相愛。

◎保有「互不侵犯的部分」是健康的表現

促成夫妻的共同成長是「相互理解」，**而非需要在同一領域共同成長**。理想的夫妻，共通點是「30％」的程度，剩下的70％則是神祕區。不需要追求100％相同，因為那樣反而會讓人窒息。

夫妻之間最好能保有適當的神祕，理當應該保有「不知道的事」和「互不侵犯的部分」。重要的是，坦率面對，理解雙方之間存有70％左右的不同之處。

如果夫妻毫無共同點，完全合不來也很困擾，然而相契合的部分約30%，最多到50%則會比較理想。

在各方面都能坦率面對：「啊，這部分不一樣耶！」瞭解彼此存在著不相同的部分，這就是我所提倡的，經營親密關係的第三大關鍵。

共同點與神祕區

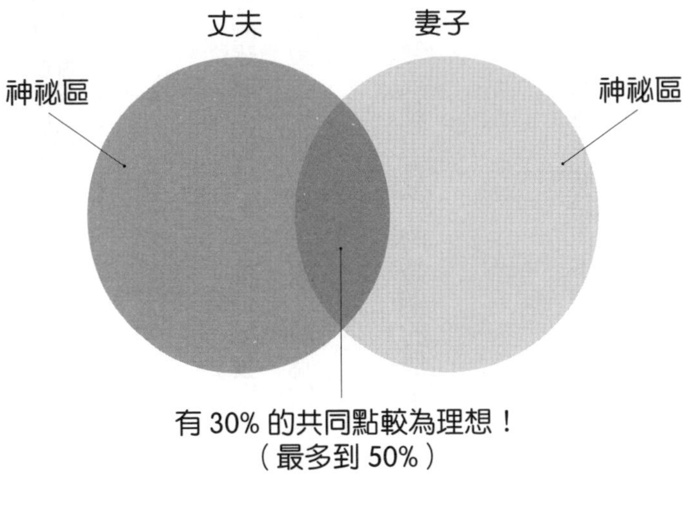

關鍵 4

結婚並非達陣，而是成長的開始

◎「最棒的戀愛」不等於「最棒的婚姻」

「戀愛與結婚是兩碼子事？」大家在討論這個主題時，其實可以發現有不少人堅信「戀愛＝結婚」。很多人都想把結婚視為戀愛的延長線，認為即使結了婚也希望對伴侶有怦然心動的感覺。

不過，這其實是種誤解，雖然有最棒的戀愛成就出最棒的婚姻的例子，不過事實上那只是極少數。

戀愛的滋味就是怦然心動、強烈的忌妒感、夾雜著期待與不安的感覺，就像是有好感的女生卻對其他男性有意思，內心就會翻攪和不安，而那樣的事情也讓戀愛增添幾分滋味。

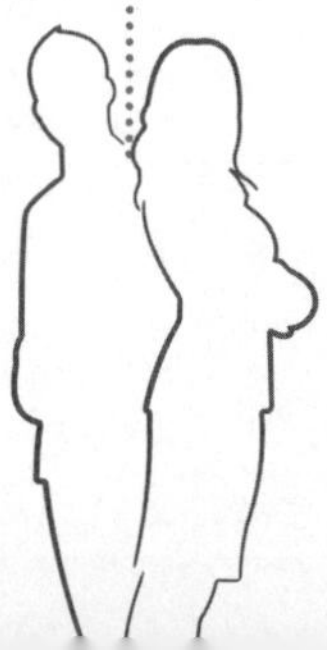

我覺得不需要跟結婚對象追求怦然心動的感覺，因為在戀愛時期覺得「無聊的女生」或是「無聊的男生」的對象，其實很有可能會成為好妻子、好丈夫。所以步入婚姻之後，丈夫或妻子若是尋求戀愛的滋味而與人曖昧或出軌，想必一定會爭吵不休。

對結婚對象應該要求的並不是怦然心動，而是「生活力」，也就是「互相合作的能力」，這樣就足夠了。

◎夫妻一起經歷生命過程才會成為最佳伴侶

成為夫妻後，會一起經歷很多生命歷程。守護孩子的成長、照顧父母也是其中之一。用身體的溝通也是屬於合作的一種。如果走過那些生命歷程都還能互助合作的伴侶，其實就很棒了。

人在戀愛時追求的是刺激，在婚姻中追求的則是穩定。不過，當戀愛出現穩定時，或許就不會步入婚姻了吧！

如同領導力的理論中，有這麼一句話「on becoming a leader（成為領導）」，夫妻之間的伴侶關係應該也有「on becoming a couple（**成為伴侶**）」。為了達到那樣的目標，就必須彼此努力。成為伴侶並不是意味著完成，而是步入婚姻後，共同經歷生命的各種過程，才能慢慢成為最佳伴侶。

雖然會把結婚稱為「達陣」，不過婚姻其實講求的是過程。結婚或許是戀愛的目標，但事實上卻是代表**婚姻的起點**。

婚姻是由夫妻雙方共同合作、孕育愛情，

並且以過程為重心。

這是我所提倡的，經營親密關係的第四大關鍵。

關鍵5

最高原則莫過於「合作」

◎重要的是共同面對「愛的任務」，並且積極溝通

分享各種實例後，也介紹了我所構思的「經營親密關係的五大關鍵」。

結婚的必要條件是決心與覺悟，也要彼此體諒、同理、接受不同之處，正因為伴侶與自己不同才能互補有無、坦誠相見，在共同成長的過程中積極的溝通。

阿德勒心理學認為**「人並不是環境或過去事件的犧牲者，而是具有創造自我命運的力量」（主權在自己）**。

你人生的主角，就是你自己。就像酒井醫生跟尚美，坦率面對彼此的「愛的任務」，而讓自己有了向上提升的可能性。

之前也提到了，我認為酒井醫生跟尚美應該會復合，因為他們仔細審視自己，發現了錯誤，也有心改變自己，進行了可以修正錯誤的溝通練習，並且加以落實。我覺得他們比離婚前更懂得互相尊重，溝通也變得更流暢。

◎環境造就人，人造就環境

最後讓我們稍微看一下酒井醫生對尚美寫的情書吧！

＊＊＊

親愛的尚美

我們離婚已經過了八個月，就快到冬天了。榮一可以跟妳見面後，雖然身心比較穩定，氣喘也不再發作，但還是有一些過敏症狀。

我要先謝謝妳願意跟我一起接受諮商的晤談。此外，不定期跟榮一見面也幫了我許多，也送了父母最喜歡的柿子，他們收到時真的很高興。

相隔十年再寫信給妳，是因為想好好地跟妳說說我的感覺。

妳願意再以我的另一半、以榮一的母親的身分回來嗎？

因為這八個月來我意識到，對我和孩子之後的人生，妳都是獨一無二、無可取代的人。

在職場與妳相遇，工作上妳就像醫療領域的前輩，我們開始親近、談戀愛、結婚。之後也共同度過很多生命重要的活動，但卻不知道從什麼時候開始，怠慢了彼此的合作和共同成長，我應該負起所有的責任。

雖然我們選擇離婚，但並不是彼此憎惡。

失去妳之後，我透過諮商找回自己的過程中，再一次體認到尚美對我而言是無可取代的伴侶。

妳之所以回想到孩提時期對男人的印象，也是因為我們彼此失去信賴的關係。

雖然妳在手札中提到，快離婚前以及離婚之後，感覺就像回到「心的歸屬」，但是，妳願意跟我們重新來過嗎？

請回來吧！以我的伴侶和榮一的母親的身分回來吧！也為了許許多多對我們的未來仍有期待的人。

即使我們已經擁有以尊敬、信賴為基礎的合作關係，但兩人未來面對的道路也不會全然平坦，或許也會遇到意想不到的苦難，或許有時也會動搖，儘管如此，讓我們一起發揮耐心與寬容，共同面對吧！

附上比求婚時更多倍的「由衷愛著你」的深情。

＊＊＊

酒井醫生與尚美的變化驗證了阿德勒心理學以下的內容：

我們並不會受到過往環境與習慣的控制，

而是能夠自己調整並且控制習慣與環境。

或許我們有時會像尚美，想回到或是已經回到「心的歸屬」。

但是過往的環境與習慣，並不會對我們造成決定性的影響。也就是應該留意阿德勒常說的「環境造就人，人造就環境。」中提到的「人造就環境」。

這世上在結婚前、結婚後都不曾感到迷惘的人其實很少，就像酒井醫生所寫的，或許也會遇到意想不到的苦難，或許有時也會動搖。

即使遇到了，也要發揮耐心與寬容，相信自己擁有無法撼動的以相互尊敬、相互信賴為基礎的合作關係吧！這是我所提倡的，經營親密關係的第五大關鍵。

最後以阿德勒的學生W．B．沃爾夫（W. Beran Wolfe）的著作《怎樣才能幸福》，裡頭的一句話作為本章結尾：

要愛得得心應手，就必須活得得心應手；

為了聰明過活，就必須得心應手的去愛。

〔作者簡介〕

岩井俊憲

1947 年出生於日本栃木縣。Human Guild 負責人。阿德勒心理學諮商指導師、中小企業診斷士、上級教育諮商師。1970 年早稻田大學畢業後，歷經外商企業管理職等，於 1985 年創立 Human Guild。以阿德勒心理學為基礎，從事企業研習、演講、諮商等服務，30 多年來培育超過 17 萬的諮商者，著作豐富。

作　　者　岩井俊憲
插　　圖　大塚砂織
譯　　者　余亮誾
總 編 輯　劉俊狄
責任編輯　陳羿均
美術主編　張承霖

投資出版　人類智庫數位科技股份有限公司
公司電話　（02）8667-2555（代表號）
公司傳真　（02）2218-7222（代表號）
公司地址　新北市新店區民權路115號5樓

香港總代理　萬里機構出版有限公司
地　　址　香港鰂魚涌英皇道1065號東達中心1305室
電　　話　2564-7511
傳　　真　2565-5539
發 行 者　香港聯合書刊物流有限公司
地　　址　新界大埔汀麗路36號中華商務印刷大廈3字樓
電　　話　2150-2100
傳　　真　2407-3062
電郵地址　info@suplogistics.com.hk

出版日期　2018年8月 第一次印刷
　　　　　2019年7月 第二次印刷
定　　價　港幣78元
　　　　　ISBN 978-962-14-6821-5